I0011499

PRESENTACIONES CON POWERPOINT & PREZI PASO A PASO

Adaptado a la versión 2013 y 2016

HANDZ VALENTIN

Presentaciones con PowerPoint® y Prezi® Paso a Paso

2da Edición

Publicado por

ValentinBook

www.valentinbook.com

Hecho en Estados Unidos en los talleres gráficos de Amazon.com.

Los libros de ValentinBook están disponibles a través de distribuidoras en todo el mundo. Si usted necesita soporte para este libro, escriba un correo electrónico a contacto@handzvalentin.com.

Autor: Handz Valentin

Editorial: ValentinBook

Diseño y Diagramación: Handz Valentin

Publicado por: Amazon.com - CreateSpace

Diseño de cubierta: Handz Valentin

Para mis hijos...

Para mis hijos...

Sobre el Autor

Handz Valentin es un escritor internacional especializado en libros técnicos informáticos. Autor de la serie Aprende y Domine, los más vendidos en español con los programas de Word 2007, Excel 2007, Access 2007, PowerPoint 2007, Groove 2007 y SharePoint Services 3.0.

Desde pequeño se interesó por el software informático cuando se dio cuenta que podía alterar roms de varios videojuegos (conocido como Hack Roms), añadiendo sus propios personajes, música y niveles. A partir del año 2007 empezó a colaborar con un escritor italiano para una serie de libros de computación básica (4 en total) y fue todo un éxito en ventas ya que fueron los primeros libros de Office 2007 que se publicaron en español y en ese tiempo, Microsoft Office 2007 había cambiado su interfaz por completo. Luego llegó la serie Aprenda y Domine para las versiones 2007, 2010 y 2013.

Él es un apasionado de la tecnología, y ha escrito libros y artículos para varias editoriales, universidades, sitios web y también para otros autores. La nueva serie Paso a Paso -libros sobre informática- es la nueva apuesta del autor, y lanzado exclusivamente para las ventas online.

En sus tiempos libres escribe novelas y trabaja como actor, director y guionista; escribiendo comerciales, películas y videoclips.

Visite su canal en YouTube:

https://www.youtube.com/handsofthelp

Tabla de Contenido

Tabla de Contenido

Introducción

Desde ya, gracias por comprar este libro y sean bienvenidos a: Presentaciones con PowerPoint y Prezi Paso a Paso.

Cuando trabajé como consultor ejecutivo en una corporación, fui invitado a una presentación de los altos mandos, y no podía negarme ya que era mi primer día. Estaba sentado esperando plácidamente a que comience las presentaciones y tarde me di cuenta que fue el momento más "aburrido" de mi vida.

Los gerentes, asesores y otros consultores llegaban con sus pendrives y sin ninguna preocupación, abrían sus presentaciones hechas en PowerPoint y mostraban todo lo que tenían que mostrar. Una presentación tras otra solo mostraba texto, texto y más texto; ¡ah por cierto!, una o dos imágenes. Me di cuenta que, no solo los estudiantes utilizaban mal el PowerPoint, sino que los mismos profesionales no ponían énfasis a un diseño de presentación que sea digno de mostrar.

Es así como nació la idea de este libro. Un libro paso a paso que lo guíe detalladamente a crear una presentación que usted pueda manejar y presentar al público; intentar mostrar los contenidos e ideas de una manera más clara y precisa, sin tanto texto, ni acuñar animaciones a todo lo que se pueda hacer clic.

Los ejemplos mostrados en este libro son solo ejemplos, una referencia a lo que puedes mostrar y a la creatividad que puedas darle a tu presentación. Aunque muchas veces trabajo dando conferencias informáticas, las presentaciones no solo me ayudan a la hora de exponer, también cuando quiero enviar un informe de negocios visual, o una publicidad que pueda ser compartida con clientes, o para un storyboard del próximo spot publicitario que saldrá en la super bowl.

Aunque PowerPoint es el líder del mercado en presentaciones (yo amo a PowerPoint), ha aparecido un contendiente directo, Prezi. Tanto PowerPoint como Prezi crean presentaciones, aunque tienen diferencias en la manera de cómo presentan su contenido, ambos programas lo ayudarán a que sus presentaciones sean más "presentables", ya sea usted un director ejecutivo, un profesor, un publicista, un estudiante, o cualquier persona que quiera usar estos programas.

¡Empecemos!

Descargar archivos de práctica

Antes de que usted pueda completar los ejercicios en este libro, usted necesita descargar los archivos de práctica a su equipo. Estos archivos de práctica pueden ser descargados desde el enlace proporcionado al final del libro.

El programa PowerPoint o Prezi no están disponibles como parte de los archivos de práctica. Usted deberá comprarlo o adquirir una suscripción en sus respectivos sitios Web.

Formato eBook

Además de tener la versión impresa de este libro, usted puede adquirir una versión en eBook a solo $2.99.

Puede elegir entre dos formatos distintos:

- **Formato Kindle:** El texto se adapta a todos los dispositivos portátiles.
- **Formato Kindle Replica:** El libro es una copia idéntica de la versión impresa. Es como leer en formato PDF.

Libros y eBooks para instituciones educativas

Los libros de ValentinBook están disponibles para escuelas, institutos superiores y universidades a precio de lista, aproximadamente con un 40% de descuento. En formato eBook, podrá adquirirlos a $0.99 a partir de 1000 unidades. Comuníquese con nosotros.

1. Envíe un mensaje de correo electrónico a: **contacto@valentinbook.com** con su pedido.
2. Se le enviará un mensaje de correo electrónico de respuesta resolviendo sus dudas y ayudándolo en el proceso de la compra de nuestros libros.

Beneficios del formato eBook en Amazon

Si usted ha adquirido este libro en formato eBook con el subtítulo (Actualización Constante) a través de Amazon.com, Amazon.es o cualquier otro país referido a Amazon, podrá obtener actualizaciones del libro gratuitamente. Las razones para que este ebook se actualice cada cierto tiempo es:

- Nuevas herramientas del programa que se actualizan cada cierto tiempo.
- Comentarios y peticiones por parte de los usuarios quienes compraron el libro. Pueden dejar sus comentarios, revisiones y peticiones a través de Amazon.
- Revisiones y erratas.
- Temas que el autor cree conveniente de actualizar o añadir al libro.

Capítulo 1: Conociendo PowerPoint

En este capítulo usted aprenderá a:

- Conocer la interfaz de PowerPoint
- Abrir presentaciones existentes
- Guardar presentaciones
- Intercambiar entre varias presentaciones

Un Tour a PowerPoint

PowerPoint es ideal para crear presentaciones profesionales que capturen la atención de la audiencia, así como comunicar algún concepto complicado de forma clara y efectiva. Lo primero que debería hacer, es familiarizarse con la interfaz de PowerPoint. En este apartado, usted aprenderá a iniciar la aplicación PowerPoint, creará una presentación en blanco, dará un pequeño tour a través de su interfaz y luego cerrará su presentación.

Iniciar PowerPoint

Al instalar el paquete de Microsoft Office, PowerPoint llegará incluido en él. Dependiendo de su sistema operativo, Windows 7 o Windows 8, es posible que abrir PowerPoint sea ligeramente diferente.

1. Para abrir PowerPoint, siga estos pasos dependiendo de su sistema operativo instalado.
    - En Windows 7: *Inicio* | *Todos los programas* | *Microsoft Office* | *PowerPoint 2013 o 2016.*
    - En Windows 8: dentro de su Pantalla Inicio, clic en el mosaico PowerPoint 2013 o 2016.

Cómo puede ver, la aplicación de PowerPoint se abre y muestra la Pantalla Inicio de PowerPoint.

2. Para crear una presentación nueva, clic en ***Presentación en blanco***. Como puede ver, se acaba de crear una presentación nueva y esta contiene al menos una diapositiva.

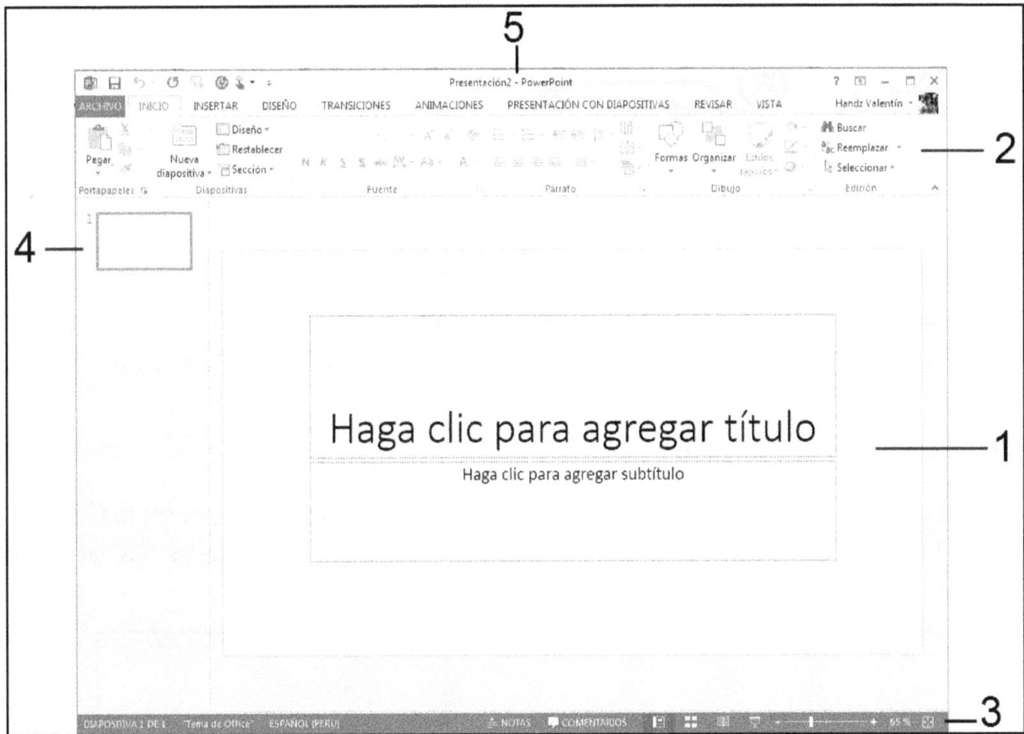

1) Diapositiva

2) Cinta de Opciones

3) Barra de estado

4) Panel de diapositivas

5) Área de título

3. En la parte superior de la ventana, clic sobre la ficha *Archivo*.
4. Clic en *Cerrar*. La presentación se acaba de cerrar, pero PowerPoint sigue abierto.

ALTO: *Deje abierto PowerPoint.*

Crear una presentación en blanco

Para que puedas empezar a trabajar con PowerPoint, deberás crear una presentación. Sí, los archivos creados en este programa son llamados *Presentaciones*.

1. Clic en la ficha **Archivo**, luego dé clic en **Nuevo**.

2. Clic en *Presentación en blanco*. Nuevamente, acaba de crear una presentación en blanco.
3. Revise la barra de título y verifique el nombre. Debe decir ***Presentación#,*** dónde **#** es el número de presentación que se ha creado.
4. Revise su **Barra de estado** y verifique que diga **Diapositiva 1 de 1**, y también revise el idioma de la presentación de ser necesario.

ALTO: *No cierre su presentación, lo usaremos en el próximo ejercicio.*

Navegando por la Cinta de opciones

Todos los comandos que necesita para crear sus presentaciones están en la Cinta de opciones. La *cinta de opciones* ayuda organizar fácil e intuitivamente las diversas herramientas que tienen PowerPoint.

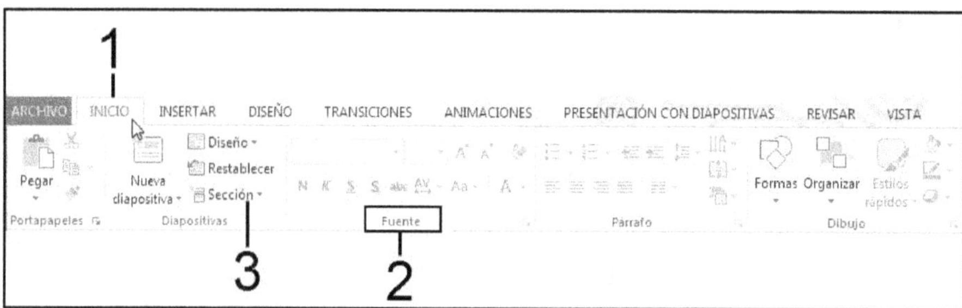

1) Ficha
2) Grupo
3) Comando

1. Clic en la ficha ***Insertar*** y revise los grupos: Diapositivas, Tablas, Imágenes, Ilustraciones, Aplicaciones, Vínculos, Comentarios, Texto, Símbolo y Multimedia.

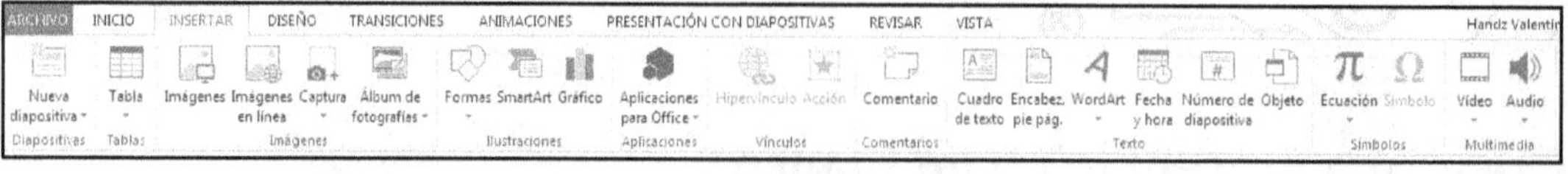

2. Clic en la ficha ***Diseño***. En esta ficha solo existen tres grupos: Temas, Variantes y Personalizar.

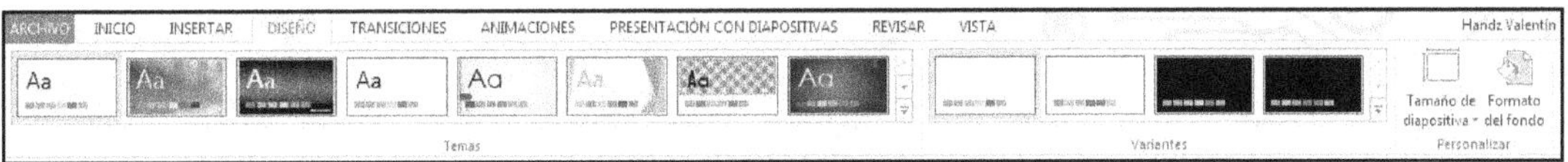

3. Regresemos a la ficha **Inicio** haciendo clic en **Inicio**. Los grupos en esta ficha son Portapapeles, Diapositivas, Fuente, Párrafo, Dibujo y Edición.
4. En el grupo Diapositivas, clic en el comando **Nueva diapositiva**. Como puede ver, se acaba de agregar una nueva diapositiva en el *panel de diapositivas*. También verifique su barra de estado, debe decir **Diapositiva 2 de 2**.
5. En su diapositiva, clic en el medio del texto ***Haga clic para agregar título***.
6. En el grupo Fuente, clic en el botón a la derecha conocido como **Iniciador de cuadro de diálogo**.

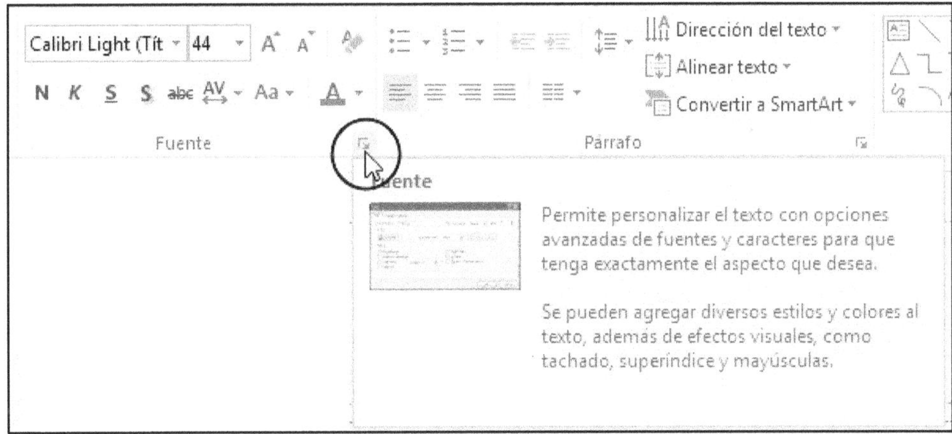

7. Como puede ver, aparece el cuadro de diálogo Fuente. Este cuadro de diálogo muestra más comandos para trabajar con sus fuentes. Para cerrarlo, clic en el botón **Cerrar (X)**.

ALTO: *No cierre su presentación, lo usaremos en el próximo ejercicio.*

Mostrar y ocultar la cinta de opciones

Cuando desea tener más espacio para trabajar con su presentación, puede ocultar la cinta de opciones, y luego volverá a mostrar si es necesario.

1. Al extremo derecho de la ventana de PowerPoint, clic en el botón **Opciones de presentación de la cinta de opciones**.

2. Clic en ***Mostrar pestañas***. Observe como los comandos y grupos han desaparecido dejando solo las fichas.

3. Clic nuevamente en el botón *Opciones de presentación de la cinta de opciones*, y esta vez seleccione ***Mostrar pestañas y comandos***. Y como por arte de magia, las fichas vuelven a aparecer.

4. Ahora, vamos a probar otra opción más. Seleccione **Ocultar automáticamente la cinta de opciones**. Ahora sí, la cinta de opciones ha desaparecido por completo.

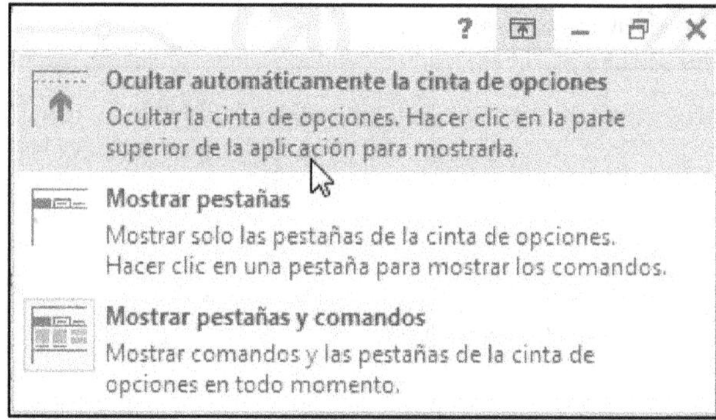

5. Para volver a mostrar la cinta de opciones, lleve el puntero al extremo superior de la ventana de PowerPoint. Note que aparece una barra horizontal de color pastel. Clic sobre él.

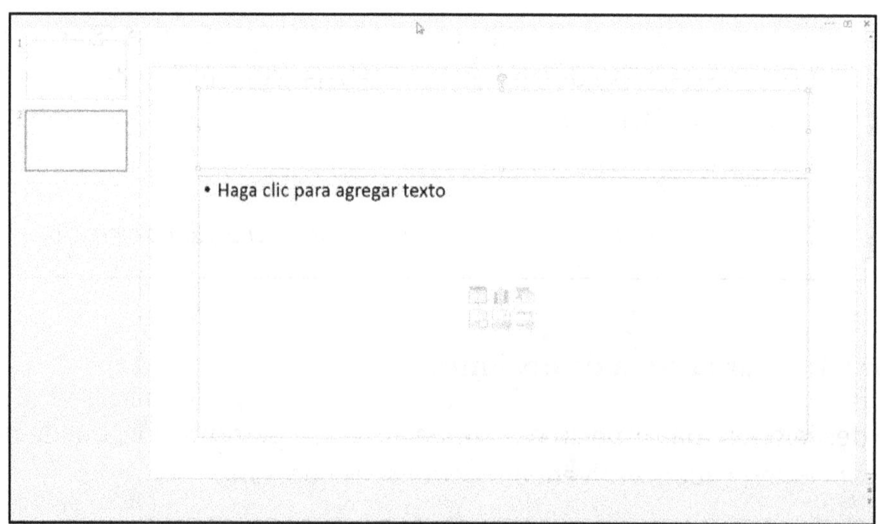

6. Observe como la cinta de opciones vuelve a aparecer. Ahora, clic en un espacio fuera de la cinta de opciones. De esta manera, la cinta de opciones volverá a desaparecer.

7. Para que la cinta de opciones vuelva a su estado original, clic sobre Opciones de presentación de la cinta de opciones y seleccione **Mostrar pestañas y comandos**.

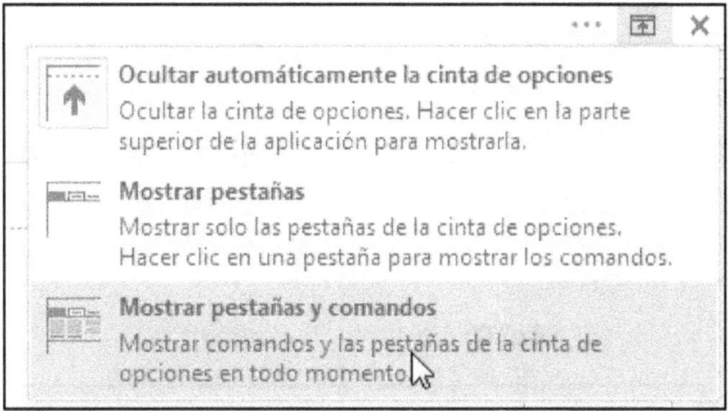

Conociendo la vista Backstage

Dentro de la vista Backstage se encuentran comandos como Guardar, Abrir o Nuevo. Para acceder a esta vista, primero debe hacer clic en la ficha Archivo y luego navegar entre sus opciones.

1. Clic en la ficha Archivo. Ahora estará en la vista Backstage.

2. Clic en la página *Guardar como* y observe sus opciones.
3. Clic en la página *Exportar* y dé un vistazo a sus opciones.
4. Clic en la página Compartir.

5. Clic en la flecha Atrás. De esta manera regresamos a la pantalla de trabajo.

6. Para cerrar su presentación sin salir de PowerPoint, clic en **Archivo** y luego clic en **Cerrar**.
7. Si aparece un mensaje, clic en **No guardar**. De esta manera, ha cerrado su presentación sin guardar.

ALTO: *No cierre PowerPoint.*

Realizando tareas básicas en PowerPoint

Cuando trabaja con sus presentaciones, siempre necesita realizar tareas básicas. Cosas tan sencillas como guardar su presentación o abrir una ya creada. En este apartado, usted aprenderá a guardar su presentación por primera vez, abrir una presentación creada anteriormente, actualizar una presentación, ver las propiedades y navegar por algunas vistas de presentación.

Trabajaremos con la carpeta Guía 01 ubicado dentro de ***C: | PowerPoint – Lab****.*

Abrir una presentación existente

Es posible que un compañero le haya enviado una presentación ya diseñada para que usted pueda darle un vistazo; para hacerlo, necesita primero abrir la presentación desde PowerPoint.

1. Clic en la ficha **Archivo** y luego clic en **Abrir**.
2. Seleccione la opción **Equipo** y luego **Examinar**.
3. Dentro del cuadro de diálogo **Abrir**, navegue hasta **C: | PowerPoint – Lab | Guía 01**.
4. Seleccione **Equipo de Reubicación** y luego clic en el botón **Abrir**. Su presentación acaba de abrirse.
5. Como no tenemos nada que hacer aún con esta presentación, clic en Archivo y luego clic en Cerrar.

ALTO: *No cierre PowerPoint.*

Abrir una presentación usada recientemente

En el ejercicio anterior, se abrió la presentación *Equipo de Reubicación,* pero no se hizo ningún cambio. Ahora que ya tiene en mente que cambios hacerle, volverá a abrirla, pero de forma más rápida.

1. Clic en la ficha **Archivo** y seleccione la página **Abrir**.
2. Seleccione la opción **Presentaciones recientes**, y en la lista de la derecha, clic en **Equipo de reubicación**. Como puede ver, ha podido abrir el mismo archivo de forma más rápida.

ALTO: *No cierre su presentación, lo usaremos en el próximo ejercicio.*

Dar un vistazo a la presentación

Antes de hacer los cambios a la presentación, primero desea darles un vistazo rápido a las diapositivas para saber cómo se verán a pantalla completa. PowerPoint usa la vista presentación para ver las diapositivas a pantalla completa tal y como lo hará a la hora de exponer ante una audiencia.

1. En la barra de estado, clic en el botón Presentación con diapositivas.

   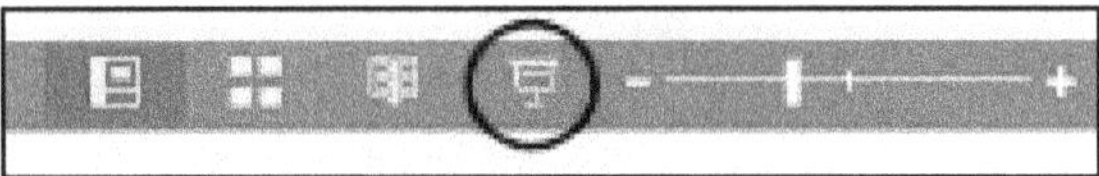

   Como puede ver, ahora la diapositiva está a pantalla completa.
2. Para ver la siguiente diapositiva, pulse la tecla **Enter**.
3. Para ver la tercera diapositiva, clic en la pantalla.
4. Para salir de la vista presentación pulse la tecla `Esc`. Revise en la barra de estado en qué diapositiva se encuentra en este momento.

ALTO: *No cierre su presentación, lo usaremos en el próximo ejercicio.*

Guardar su presentación sin afectar al original

Ya ha abierto su presentación y ha dado un vistazo rápido a las diapositivas en la vista presentación. Ahora, usted ha decidido hacer unos cambios, pero no desea que la presentación original se vea afectada. Para evitar que el archivo original sufra algún cambio, deberá usar el comando Guardar como; con este comando podrá cambiar el nombre y el tipo de archivo, incluso su ubicación.

1. Estando la diapositiva 3 seleccionada, clic sin soltar y arrástrelo por encima de la **diapositiva 2**. Como puede ver, acaba de reorganizar el orden de las diapositivas.

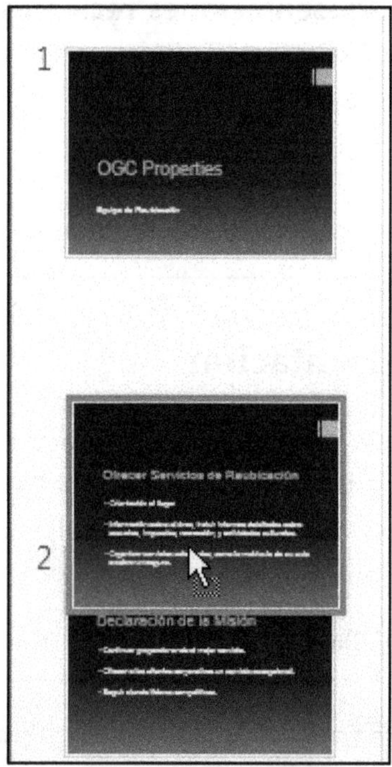

2. Para no afectar a la presentación original, clic en Archivo y seleccione ***Guardar como***.
3. En las opciones de Guardar como, seleccione **Equipo** y luego **Examinar**.
4. Dentro del cuadro de diálogo Guardar como, en el campo Nombre de archivo, cambiaremos por *Equipo de Reubicación (con cambios)*.
5. Dejaremos la misma ubicación y el mismo tipo de archivos, así que, clic en Guardar.

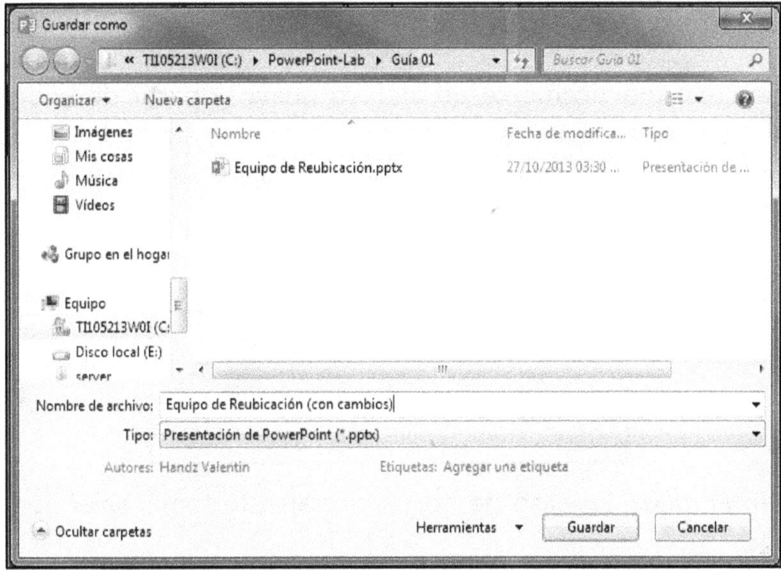

6. Revise su barra de título, el nombre del archivo ha cambiado.
7. Ingrese a la unidad **C: | PowerPoint - Lab | Guía 01**. Note que tiene dos archivos, el original llamado *Equipo de Reubicación* y el que tiene cambios, llamado *Equipo de Reubicación (con cambios)*.

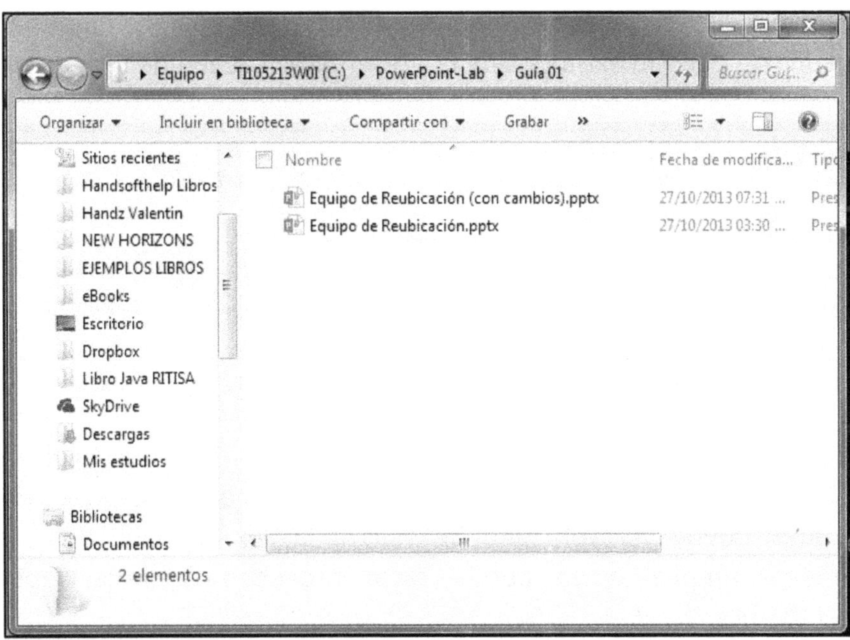

8. Cierre su ventana del Explorador de archivos.

ALTO: *No cierre su presentación, lo usaremos en el próximo ejercicio.*

Actualizando su presentación

Acabamos de crear prácticamente un archivo nuevo a partir de una presentación existente para evitar hacer daños al original. En este nuevo archivo, vamos a hacer más cambios y luego guardaremos la presentación con el mismo nombre, tipo y ubicación, esta acción también es llamada *Actualizar*.

1. Clic en la ficha *Diseño* y en el grupo *Temas*, clic en el botón *Más*.

2. Clic en *Parallax*. En caso de no encontrar este tema, seleccione uno de su agrado.

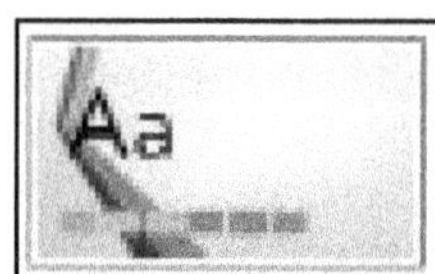

3. Una vez hecho el cambio tenemos que guardar haciendo clic en la ficha Archivo y clic en Guardar. Como puede notar, no aparece ninguna opción o cuadro de diálogo extra ya que la presentación acaba de ser actualizada.

---

*También puede usar la combinación **Ctrl – G**.*

***ALTO:** No cierre su presentación, lo usaremos en el próximo ejercicio.*

Intercambiar entre varias presentaciones

Ya hizo los cambios necesarios en su nueva presentación, pero ha decidido darle un vistazo a la presentación original. Cuando tiene dos o más presentaciones abiertas, por lo general puede ver solo una de ellas a la vez. Si tiene una pantalla lo suficientemente amplia, quizá pueda sacar provecho a ciertas opciones de ordenamiento.

1. Clic en la ficha Archivo y luego clic en Abrir.
2. Seleccione *Presentaciones recientes*, y clic en *Equipo de reubicación*. Como puede ver, el archivo original se abre.
3. Para regresar a la ventana de la presentación que tiene los cambios, clic en la ficha Vista, y en el grupo Ventana, clic en **Cambiar ventanas**.

4. Clic en **Equipo de Reubicación (con cambios)**.

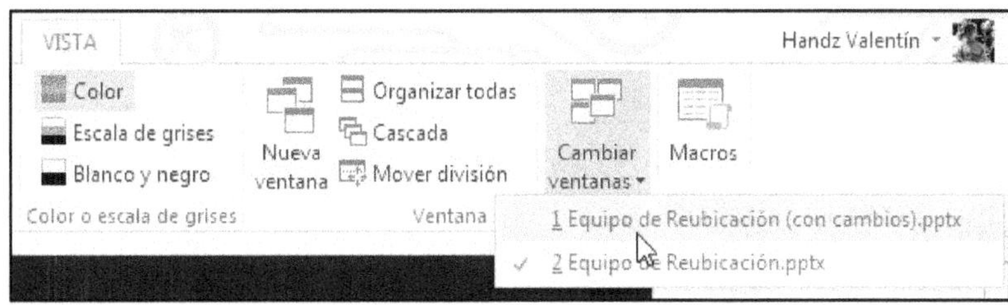

5. Para comparar ambas presentaciones en la pantalla, en la ficha Vista, en el grupo Ventana, Clic en **Organizar todas**.

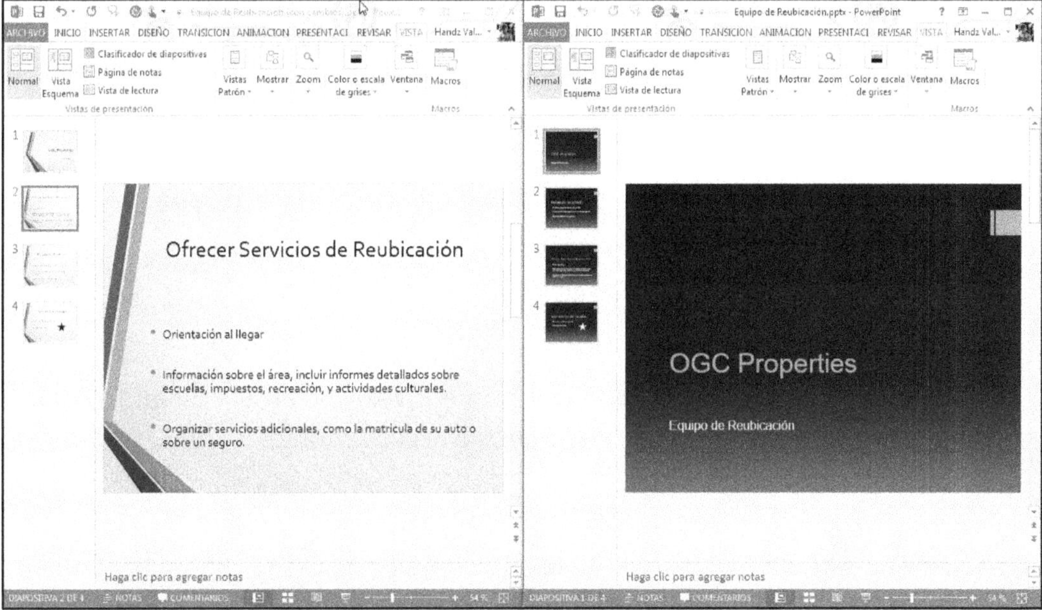

6. En ambas presentaciones, usando el panel Diapositivas, clic en su diapositiva 4. Ahora podrá darles un vistazo a ambas diapositivas, pero con diferentes diseños.
7. Como todo está bien, clic en la ficha Archivo de la presentación **Equipo de Reubicación**, y luego clic en **Cerrar**.
8. Para que la presentación que aún está en pantalla se expanda, clic en el botón Maximizar.

ALTO: *No cierre su presentación, lo usaremos en el próximo ejercicio.*

Guardar una presentación por primera vez

Una vez terminado los cambios en su presentación, usted tendrá que empezar a crear una nueva. Agregará algunos puntos clave y luego guardará su presentación por primera vez. Cuando lo hace, PowerPoint le pedirá que agregue un nombre de archivo, un tipo y una ubicación.

1. Para crear una nueva presentación en blanco, clic en **Archivo**, **Nuevo**, y clic en Presentación en blanco.
2. En su diapositiva, clic en **Haga clic para agregar título**.
3. Ahora escriba lo siguiente: `Financiamiento General 2013`.
4. Para agregar una nueva diapositiva en blanco, pulse **`Ctrl+M`**.
5. Clic en **Haga clic para agregar título** y escriba: `Logros principales`.
6. Clic en **Haga clic para agregar texto** y escriba: `Las ventas aumentaron en el 3er trimestre`.
7. Pulse `Enter` y escriba: `Las ventas forzaron a capacitar a todo el personal en una nueva línea de productos`.
8. Para guardar su presentación por primera vez, clic en el comando **Guardar** ubicado en la barra de herramientas de acceso rápido.

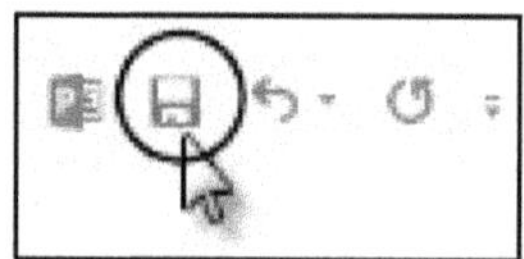

9. Al ser la primera vez que va a guardar, aparece las opciones de Guardar como. Seleccione **Equipo** y luego **Examinar**. Revise cuál es el nombre que aparece en el cuadro *Nombre de archivo.*
10. Dentro del cuadro de diálogo Guardar como, navegue hasta la unidad C: | PowerPoint – Lab | Guía 01.
11. Verifique que el campo Nombre de archivo sea **Financiamiento General 2013** y el tipo sea **Presentación de PowerPoint.**
12. Clic en Guardar. Ahora su presentación ha sido guardada con el nombre Financiamiento General 2013.
13. Cierre todas sus presentaciones abiertas y luego cierre PowerPoint.

Capítulo 2: Crear su Primera Presentación

En este capítulo usted aprenderá a:

- Usar plantillas prediseñadas en PowerPoint
- Agregar textos a sus diapositivas
- Copiar de Word a PowerPoint
- Organizar diapositivas
- Cambiar el diseño de las diapositivas

Empezando a Crear una Presentación

Usted ya se ha familiarizado con la interfaz y algunas tareas básicas en PowerPoint. Ahora, ha llegado el momento de presentar su información en la forma de una presentación. Compartir información a través de presentaciones puede llamar la atención de su audiencia. Las herramientas que conocerá ahora le permitirán crear presentaciones que pueden ser personalizadas para adaptarse a diferentes situaciones. En este apartado usted aprenderá a crear una presentación a partir de una plantilla prediseñada, podrá ingresar y editar texto fácilmente, agregará diapositivas a su presentación y creará secciones para organizar sus diapositivas.

Usando una plantilla prediseñada

Por falta de tiempo, usted ha decidido crear rápidamente una presentación en PowerPoint para exponer ante los ejecutivos de la empresa. Por lo tanto, no tendrá el tiempo suficiente para cambiar colores, tipos de fuente y otras opciones más. En PowerPoint, usted puede usar plantillas prediseñadas para luego editarlas y crear una presentación profesional de forma rápida.

1. Inicie PowerPoint y en la pantalla inicio, navegue por las diversas plantillas de la pantalla.

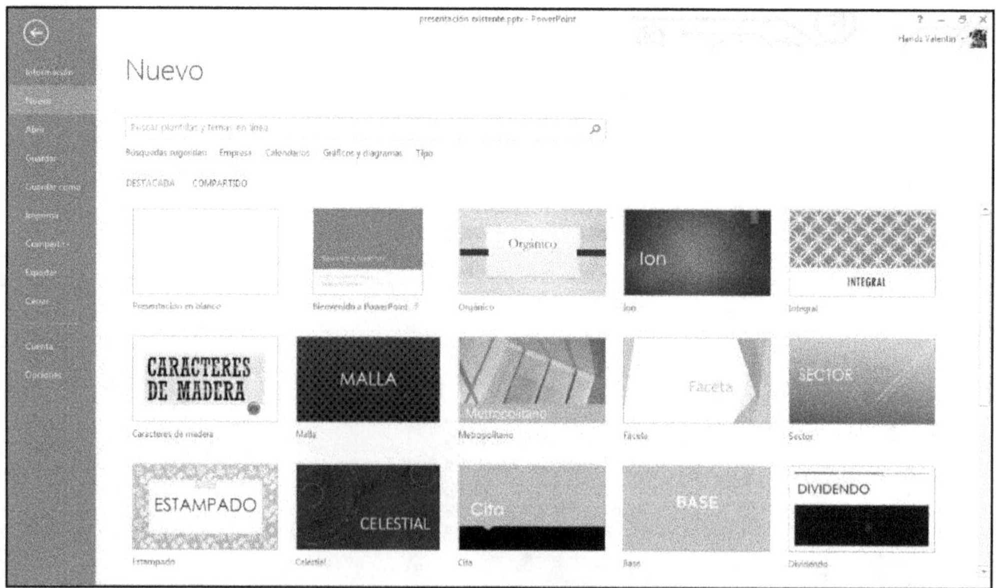

2. Clic en plantilla *Marco*. Se abre un panel mostrando una vista previa de la diapositiva y sus posibles combinaciones de colores.
3. En la parte inferior del panel, clic en la flecha de **Más imágenes** que apunta a la derecha.

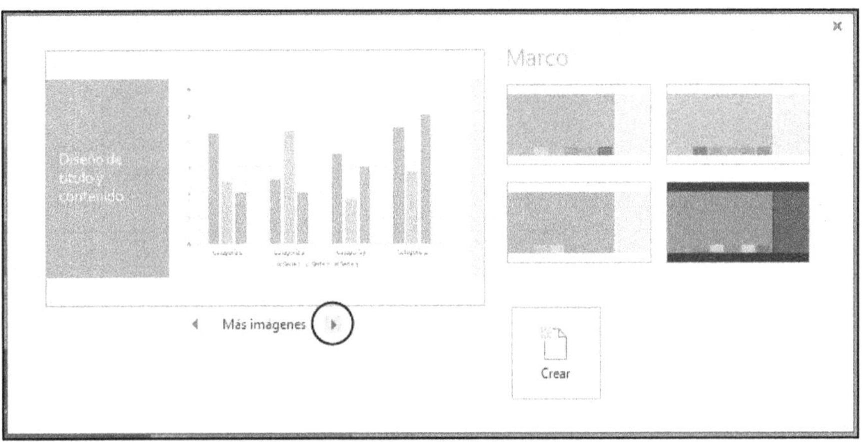

4. En la sección de las combinaciones de colores, seleccione la segunda (*Ambar*) y clic en *Crear*. Acaba de crear una nueva presentación en base a un tema de plantilla.

5. Clic en ***Haga clic para agregar título*** y escriba: `Descripción financiera del 2013`.

6. Clic en ***Haga clic para agregar subtítulo*** y escriba: `Su_Nombre`. Por ejemplo, `Handz Valentin`.

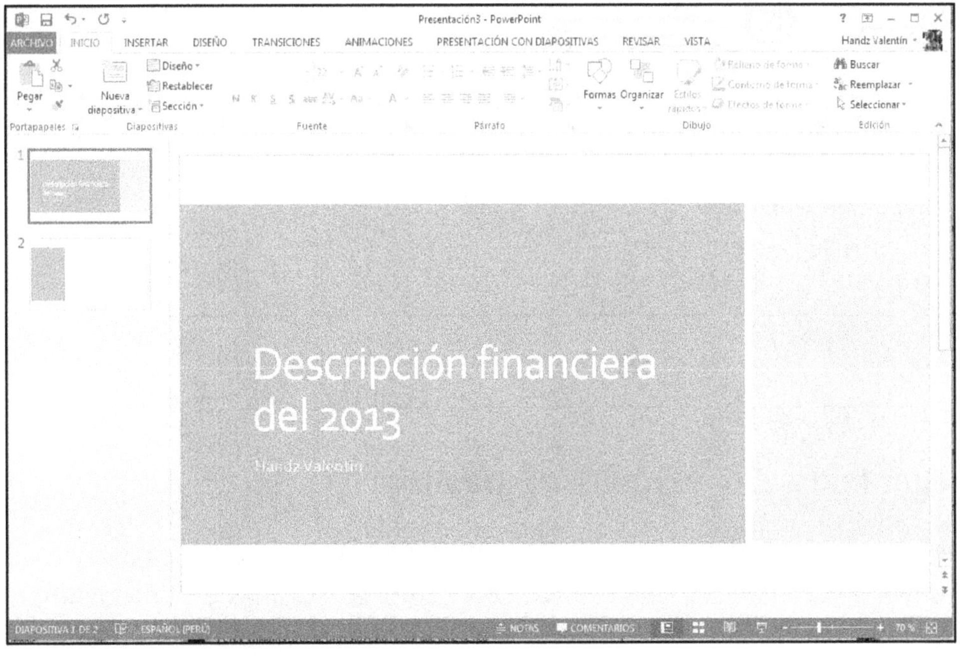

7. Pulse **`Ctrl+M`** para agregar una nueva diapositiva.

8. Clic en **Haga clic para agregar título** y escriba: `Agenda`.

9. Luego en **Haga clic para agregar texto**, escriba: `Aspectos sobresalientes`.

10. Pulse **`Enter`** y continúe agregando:

    - `Ingreso`
    - `Ingresos por división`
    - `Activos`

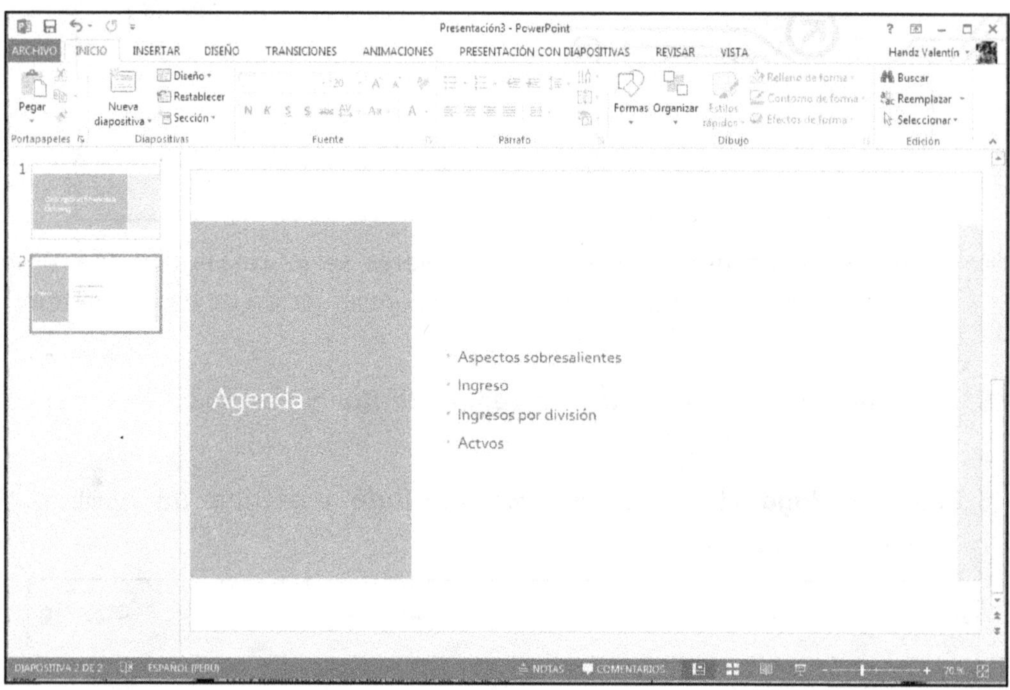

11. Guarde su presentación en la ruta C: | PowerPoint – Lab | Guía 02 con el nombre **Exposición sobre Descripción Financiera 2013**.
12. Cierre su presentación.

ALTO: *No cierre PowerPoint.*

Agregar texto a su primera diapositiva

Cuando crea una nueva presentación en blanco, al menos se crea también una diapositiva en blanco. Las diapositivas son como las páginas en un documento de Word. La primera diapositiva por defecto presenta dos espacios para rellenar textos, estos espacios son conocidos como **marcadores de posición**. A continuación, creará una presentación desde cero dónde mostrará las fortalezas de la empresa **DreamLife** ante nuevos inversores.

1. Clic en **Archivo | Nuevo | Presentación en blanco**. Se crea una presentación nueva y esta posee una diapositiva en blanco.

2. Clic en el texto del marcador de posición **Haga clic para agregar título**.
3. Escriba: `Dream Life.`
4. Clic en el texto del marcador de posición **Haga clic para agregar subtítulo**.
5. Escriba: `Haciendo realidad tu sueño inmobiliario.`
6. Mientras aún se encuentra en el marcador de posición del subtítulo, lleve el puntero del mouse sobre el **controlador inferior del medio** (vea la imagen como referencia) hasta que cambie por una flecha vertical de dos puntas.

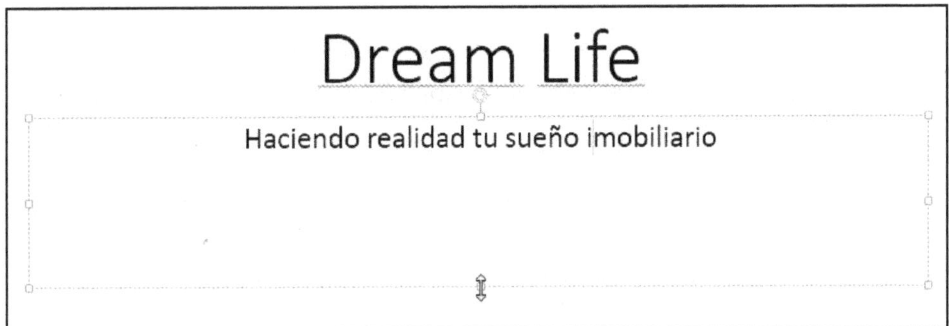

7. Clic sin soltar en el controlador y arrastre lentamente hacia arriba hasta ajustar el alto del marcador de posición.

8. Como la diapositiva solo presentaba dos marcadores de posición para agregar texto, vamos a usar un cuadro de texto para agregar más información. Clic en la ficha **Insertar**, y en el grupo **Texto**, clic en **Cuadro de texto**.
9. Ahora, clic en la parte inferior central de la diapositiva. Aparece un pequeño cuadro de texto.
10. Escriba: `Versión: Borrador.`
11. Lleve el puntero del mouse sobre el borde del cuadro de texto hasta que aparezca una cruz de cuatro flechas.

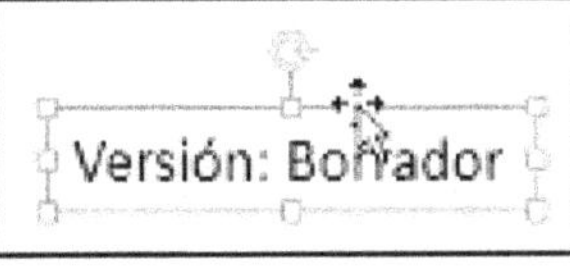

12. Clic sin soltar en el borde y arrastre el cuadro de texto justo por debajo del subtítulo.

13. Guarde su presentación con el nombre Presentación de la empresa en C: | PowerPoint – Lab | Guía 02.

ALTO: *No cierre su presentación, lo usaremos en el próximo ejercicio.*

Agregar nuevas diapositivas

La primera diapositiva que se crea en una presentación tiene un diseño conocido como diapositiva de título. Cuando va creando más diapositivas, estas tienen un diseño llamado Título y objeto. A continuación, usted agregará una diapositiva más a su presentación.

1. En la ficha Inicio, en el grupo Diapositivas, clic en el comando **Nueva diapositiva**. Como puede ver, se acaba de agregar una diapositiva nueva a la presentación con un diseño ligeramente diferente a la primera.

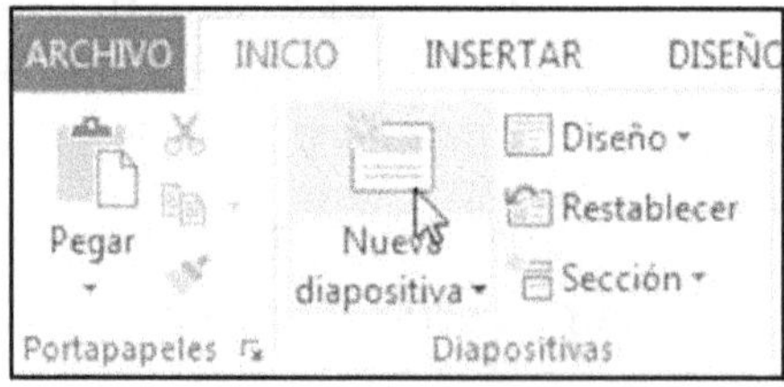

2. Clic en el marcador de posición **Haga clic para agregar título** y escriba: `Introducción`
3. Clic en el marcador de posición **Haga clic para agregar texto** y escriba: `DreamLife forma parte de Hansofthelp S.A.C.`
4. Pulse dos veces la tecla `Enter`.
5. Escriba: `Esta presentación proporciona una visión general de la empresa.`

6. Pulse dos veces la tecla `Enter` y escriba: `A menos que la empresa haya marcado como confidencial, toda la información explicada aquí se ha hecho público.`
7. Nuevamente, pulse dos veces clic y agregue el texto `Agenda`.

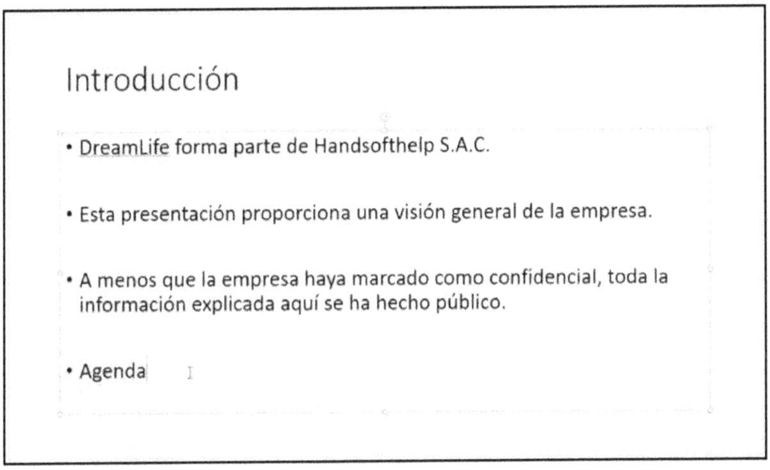

Introducción

- DreamLife forma parte de Handsofthelp S.A.C.
- Esta presentación proporciona una visión general de la empresa.
- A menos que la empresa haya marcado como confidencial, toda la información explicada aquí se ha hecho público.
- Agenda

8. Agregue una nueva diapositiva y añada lo siguiente en el marcador de posición de texto.

- `Sobre nosotros`
- `Aspectos destacados`
- `Expectativas`
- `Proceso de Desarrollo del Proyecto`
- `Nuevo Proceso de Desarrollo del Proyecto`
- `Ingresos`
- `Detalles de los ingresos`
- `Hoja de balance`
- `Apreciación`

Haga clic para agregar título

- Sobre nosotros
- Aspectos destacados
- Expectativas
- Proceso de Desarrollo del Proyecto
- Nuevo Proceso de Desarrollo del Proyecto
- Ingresos
- Detalles de los ingresos
- Hoja de Balance
- Apreciación

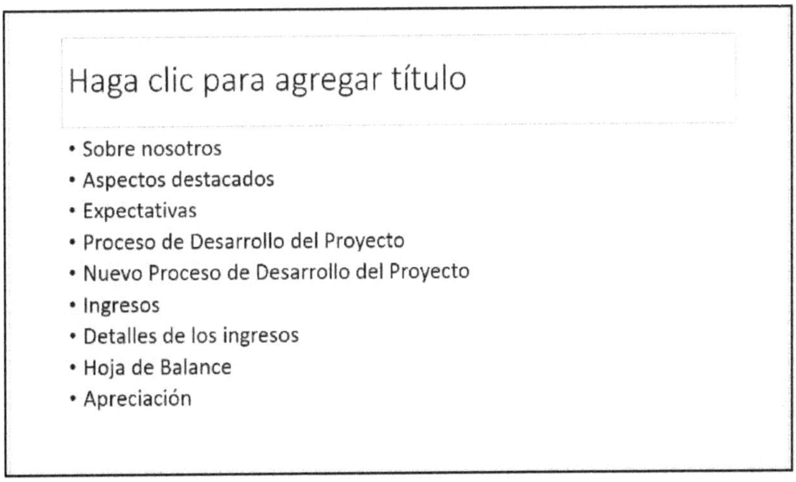

9. Agregue una diapositiva más y en marcador de título escriba: `Aspectos Destacados de años anteriores.`
10. Guarde su presentación.

ALTO: *No cierre su presentación, lo usaremos en el próximo ejercicio.*

Editar sus diapositivas

Ya ha creado algunas cuantas diapositivas con sus respectivos textos, y luego, al darle un vistazo, se ha dado cuenta que tiene que realizar unos pequeños cambios. Necesita organizar algunos textos y llevar otros a una diapositiva diferente.

1. En el panel Diapositivas (lado izquierdo), clic en la diapositiva 3.
2. Dentro de su diapositiva, clic antes del texto **`Proceso`** en la cuarta viñeta.
3. Mantenga pulsada la tecla Shift y luego clic al final del texto **`Proyecto`** en la quinta viñeta. Como puede ver, acaba de seleccionar ambas viñetas de texto.
4. Clic sin soltar sobre los textos seleccionados y arrástrelo antes del texto **`Apreciación`**. Observe como acaba de organizar sus viñetas.

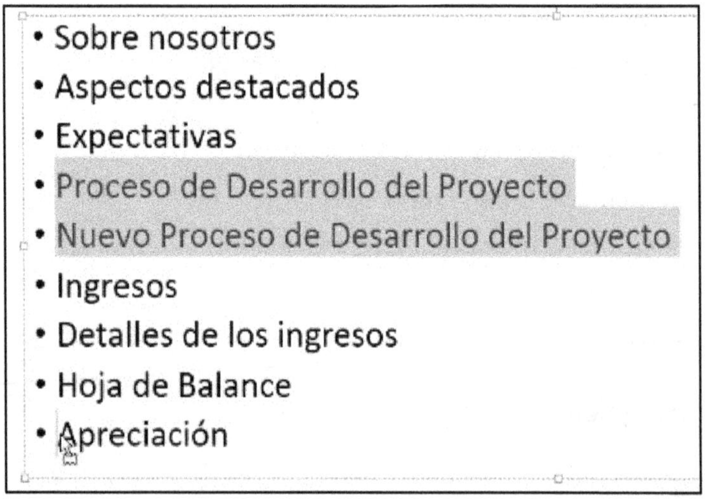

- Sobre nosotros
- Aspectos destacados
- Expectativas
- Proceso de Desarrollo del Proyecto
- Nuevo Proceso de Desarrollo del Proyecto
- Ingresos
- Detalles de los ingresos
- Hoja de Balance
- Apreciación

5. Seleccione la diapositiva 2 y luego seleccione el texto *Agenda*.
6. Clic en la ficha Inicio, y en el grupo Portapapeles, clic en *Cortar*.
7. Seleccione la diapositiva 3 y clic en el marcador de posición ***Haga clic para agregar título***.
8. En la ficha Inicio, Portapapeles, clic en *Pegar*.
9. Guarde su presentación.

ALTO: *No cierre su presentación, lo usaremos en el próximo ejercicio.*

Copiar un texto de Word a PowerPoint

Para completar algunos detalles en su presentación, usted ya había guardado algunos textos en un documento de Word. Lo que hará, es pasar ese texto en la diapositiva 4 para culminarla.

1. Desde el explorador de archivos, ingrese a C: | PowerPoint – Lab | Guía 02 y abrir el documento Aspectos destacables.
2. Clic en alguna parte del texto del documento y luego pulse `Ctrl+E`. El texto acaba de ser seleccionado.
3. Pulse `Ctrl+C`.
4. Active su ventana de PowerPoint y luego seleccione la diapositiva 4.
5. Clic en el marcador de posición *Haga clic para agregar texto* y luego pulse `Ctrl+V`.
6. Ahora, debajo del texto que acaba de pegar, aparece una pequeña etiqueta de opciones. Clic en él y seleccione **Mantener formato de origen**.

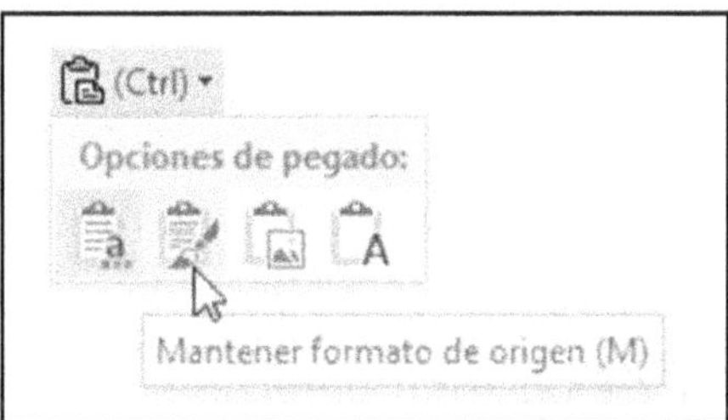

7. Guarde su presentación. Luego, cierre su documento de Word.

ALTO: *No cierre su presentación, lo usaremos en el próximo ejercicio.*

Agregar más diapositivas con diferentes diseños

En PowerPoint por lo general se crean dos diseños de diapositivas, las de **título** y las de **título y objeto**. Si desea realizar comparaciones o dar otro énfasis a su presentación, puede insertar otro tipo de diseño de diapositivas.

1. Seleccione la diapositiva 4.
2. En la ficha **Inicio**, en el grupo **Fuente**, clic en la flecha de **Nueva diapositiva**.

3. Para crear una diapositiva que permita agregar dos listas de información, clic en **Dos objetos**.

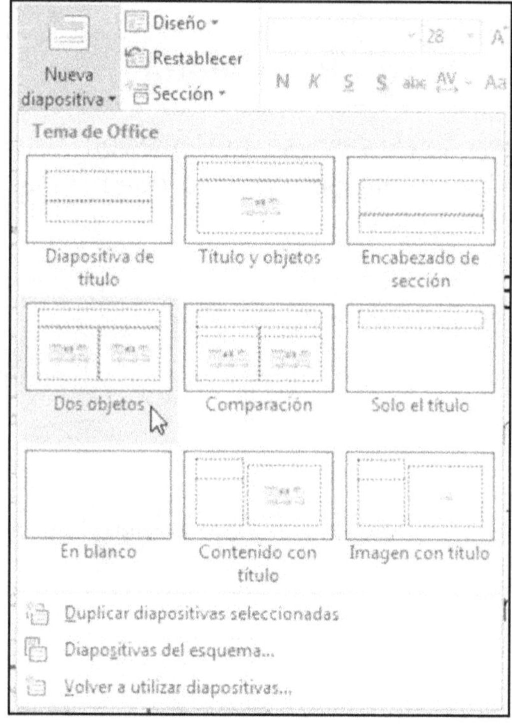

4. En la nueva diapositiva agregada, clic en el marcador de posición *Haga clic para agregar texto* del lado izquierdo.
5. Agregue lo siguiente: `Creamos bienestar para todas las personas que deseen vivir cómodamente en los mejores lugares de la ciudad.`
6. Clic en el marcador de posición derecho y agregue lo siguiente: `Ser el líder mundial en asesoramiento inmobiliario para que las familias puedan hacer sus sueños realidad.`
7. Clic en el marcador de posición *Haga clic para agregar título* y agregue: `Misión y Visión.`

ALTO: *No cierre su presentación, lo usaremos en el próximo ejercicio.*

Cambiar el diseño de una diapositiva

En el ejercicio anterior usted ha insertado una nueva diapositiva con un diseño diferente. Ahora, necesita detallar su diapositiva que habla sobre la misión y visión de la empresa, por lo tanto, cambiará su diseño.

1. Con la diapositiva 5 aún seleccionada, clic en la ficha Inicio, y en el grupo Diapositivas, clic en Diseño.
2. En la galería de Diseños, clic en **Comparación**. Observe cómo ha cambiado el diseño de la diapositiva.
3. Agregue a los marcadores de posición lo siguiente: `Nuestra Misión`, y luego `Nuestra Visión`.

Misión y Visión

Nuestra Misión

- Creamos bienestar para todas las personas que desean vivir cómodamente en los mejores lugares de la ciudad

Nuestra Visión

- Ser el líder mundial en asesoramiento inmobiliario para que las familias puedan hacer sus sueños realidad.

4. Guarde y luego cierre su presentación.

ALTO: *No cierre PowerPoint.*

Agregar secciones a sus diapositivas

Antes de exponer ante la audiencia usted necesita organizar sus diapositivas. Cuando tiene varias diapositivas, organizarlas con secciones sería una buena opción. A cada sección puede agregarle un título que represente el contenido de las diapositivas.

1. Dentro de PowerPoint, pulse **`Ctrl+A`**.
2. Clic en Equipo y luego Examinar. Ahora, navegue hasta C: | PowerPoint – Lab | Guía 02.
3. Abrir **Colaboración.pptx**.
4. Con la primera diapositiva seleccionada, en la ficha Inicio, grupo Diapositivas, clic en Sección.

5. De la lista de opciones, clic en **Agregar sección**. Observe como se agrega una nueva sección en el panel Diapositivas con el nombre **Sección sin título**.

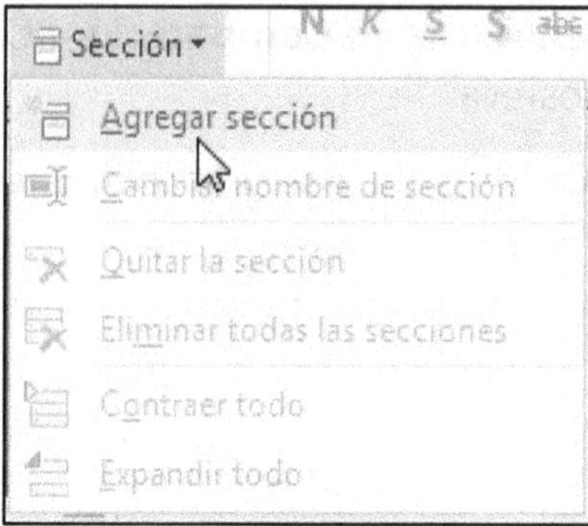

6. A la izquierda de la sección sin título, clic en la pequeña flecha. Todas las diapositivas que están debajo se contraen.

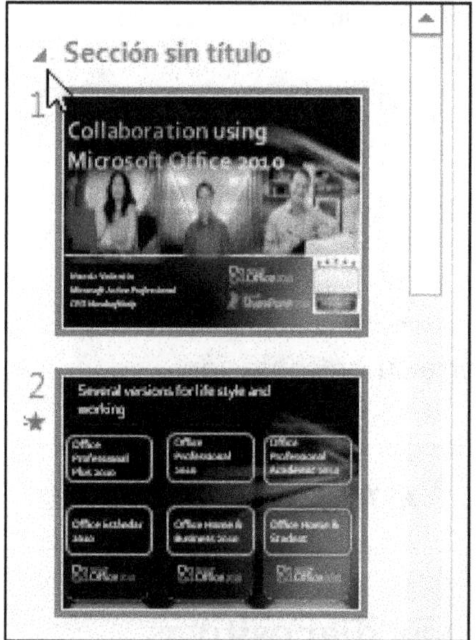

7. Clic nuevamente en la pequeña flecha para poder ver las diapositivas.
8. Seleccione Inicio | Diapositivas | Sección, y luego clic en **Cambiar nombre de sección**.
9. Dentro del cuadro de diálogo *Cambiar nombre de sección*, escriba `Presentación`. Luego, clic en ***Cambiar nombre***. Observe como la sección acaba de cambiar el nombre por el de **Presentación**.

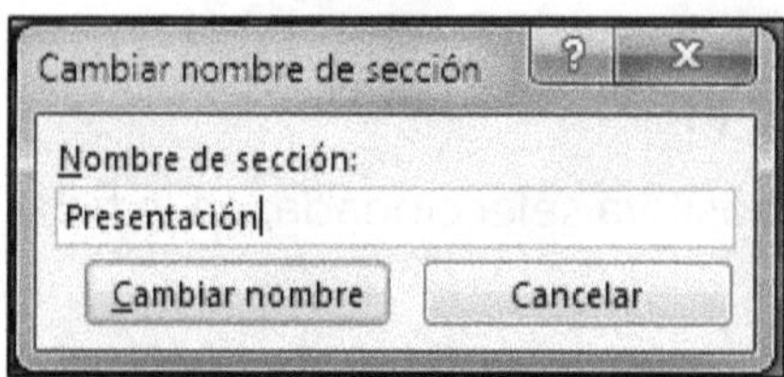

10. Seleccione la diapositiva 3 en el panel diapositivas.
11. Seleccione Inicio | Diapositivas | Sección | Agregar sección. Se acaba de agregar una nueva sección.
12. Para cambiar el nombre de la nueva sección, ingrese a Inicio | Diapositivas | Sección | Cambiar nombre de sección.
13. Agregue el texto: `Presentación de Productos`.

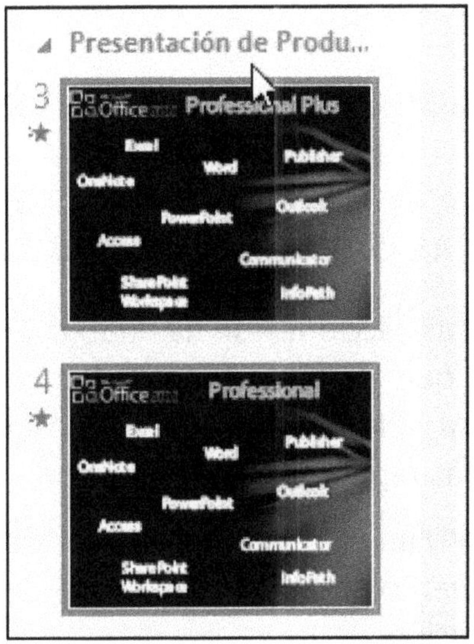

14. A partir de la diapositiva 7 agregue la sección: `Microsoft Word`.
15. A partir de la diapositiva 11 agregue la sección: `SharePoint Workspace`.
16. Clic derecho a su diapositiva 14 en el panel diapositivas, y clic en **Agregar sección**.

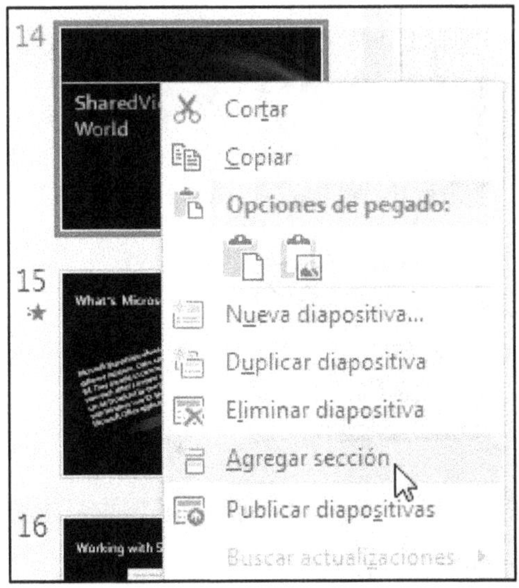

17. Clic derecho a ***Sección sin título***, clic en *Cambiar nombre de sección* y agregue como nombre: `Shared View.`
18. A partir de la diapositiva 17, agregue el nombre de sección: `Office Web Apps.`
19. A partir de la diapositiva 20 agregue el nombre de sección: `Conclusiones.`
20. Guarde su presentación con el nombre **Mi Colaboración**.

ALTO: *No cierre su presentación, lo usaremos en el próximo ejercicio.*

Organizar diapositivas con la vista Clasificador

Después de haber creado sus secciones, se ha dado cuenta que dos diapositivas no se encuentran en el lugar que les corresponde, por lo tanto, necesita cambiar su posición. Usando la vista Clasificador de diapositivas, podrá organizar su presentación de manera más rápida.

1. Clic en la ficha Vista, y en el grupo Vistas de presentación, clic en *Clasificador de diapositivas.* PowerPoint muestra una vista de todas las diapositivas que están en la presentación.

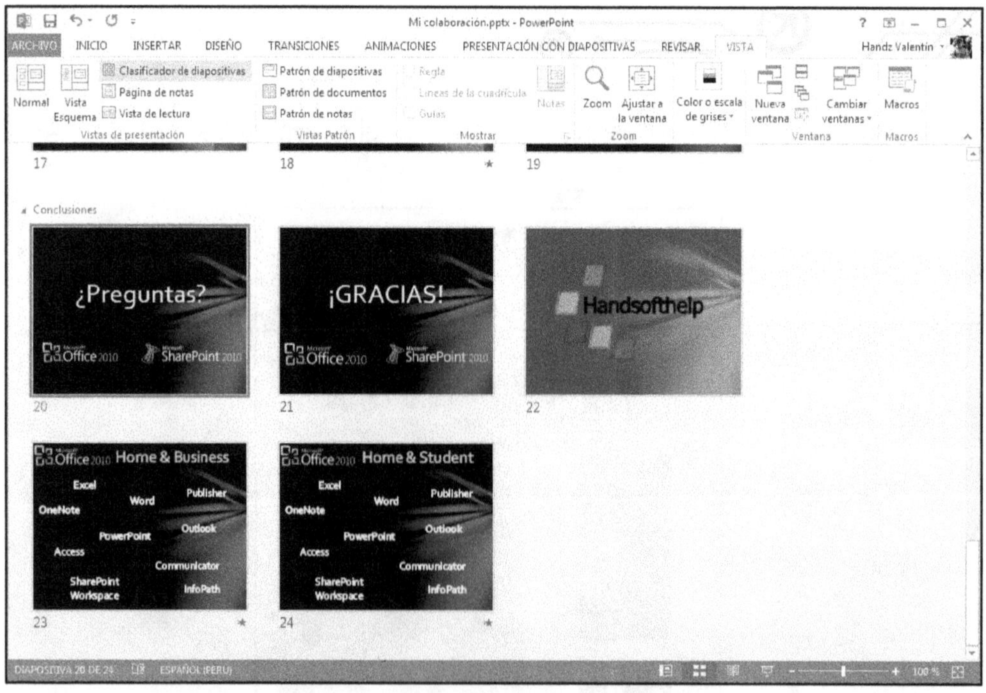

2. Clic en la diapositiva 23 y, manteniendo pulsada la tecla `Ctrl`, clic en la diapositiva 24.

3. Pulse `Ctrl+X`. Las diapositivas desaparecen, pero han sido guardadas en la memoria RAM del equipo.
4. Navegue hasta la sección *Presentación de productos*, y clic al final de la diapositiva 6.

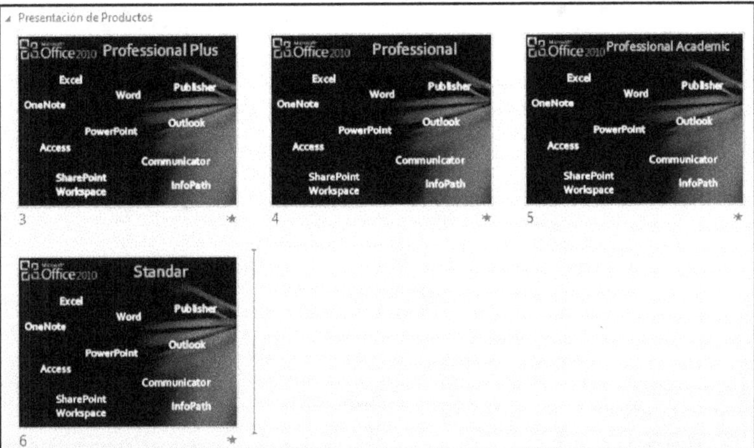

5. Pulse `Ctrl+V`. Las diapositivas acaban de pegarse dentro de la sección.

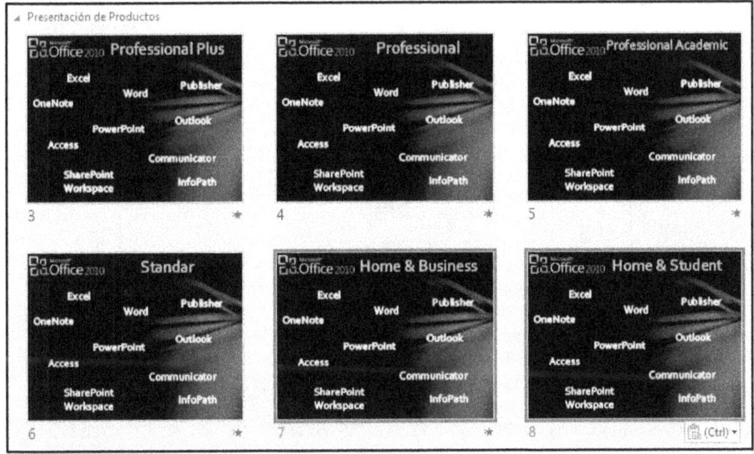

6. Guarde su presentación.

ALTO: *No cierre su presentación, lo usaremos en el próximo ejercicio.*

Organizando sus secciones

Después de haber ordenado sus diapositivas, aún le falta hacer un cambio a su presentación. La sección **Office Web Apps** está casi al terminar la presentación, pero ha decidido exponer este tema antes que los demás, por lo tanto, necesita organizar todas las diapositivas de esa sección a la vez.

1. Con cualquiera de las diapositivas seleccionadas, ingrese a Inicio | Diapositivas | Sección, y clic en ***Contraer todo***. Observe como se muestran solo el nombre de las secciones seguido de la cantidad de diapositivas que contiene cada uno.

2. Use clic derecho en la sección *Office Web Apps* y luego seleccione **Subir sección**. Como puede ver, ahora Office Web Apps pasó a estar antes que la sección **Shared View**.

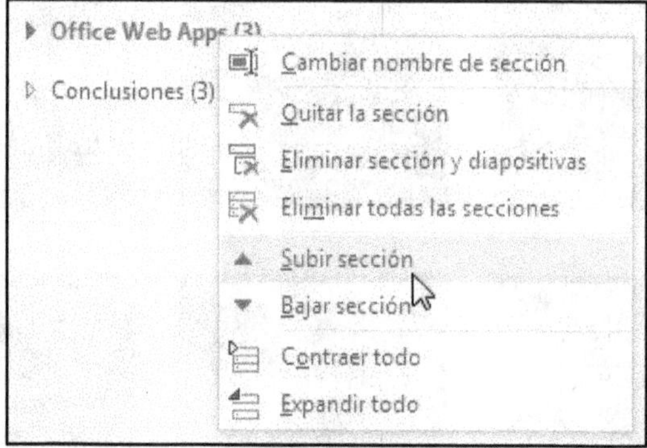

3. Posicione la sección Office Web Apps antes de la sección Microsoft Word.
4. Clic en la flecha al lado izquierdo del nombre de la sección para poder ver todas sus diapositivas.
5. Guarde su presentación y luego cierre PowerPoint.

Capítulo 3: Dar Formato a sus Diapositivas

En este capítulo usted aprenderá a:

- Aplicar formatos a sus textos
- Aplicar iluminación de texto
- Convertir un texto a gráfico
- Aplicar formato a un cuadro de texto
- Cambiar el tamaño de la presentación

Aplicando Formatos a sus Diapositivas

Para que pueda dar una excelente exposición ante la audiencia, no solo necesita el texto, sino también darle un cambio a su apariencia, lo que conocemos como aplicar formatos. Estos formatos incluyen desde un tipo de fuente, hasta el color que se le dará a una diapositiva. En este apartado aprenderá a dar formato a sus textos, cambiará la alineación de la información, convertirá un texto en un gráfico explicativo, insertará formas prediseñadas para enfatizar ciertos sectores de la diapositiva y terminará aplicando un fondo a su presentación antes de exponer.

Cambiar el tipo y el tamaño de fuente

La fuente no es más que el texto dentro de la diapositiva. Para llamar la atención de la audiencia es necesario elegir la fuente y el tamaño adecuado para su presentación. Todas las fuentes que llegan en PowerPoint se encuentran en la carpeta Fuentes en el Panel de Control de Windows. Si una fuente no es de su agrado, bastaría con descargarla de Internet y guardarlo en la carpeta correspondiente.

Antes de comenzar, abrir PowerPoint.

---

1. Desde PowerPoint, abrir la presentación **Marketing Online.pptx** desde **C: | PowerPoint – Lab |Guía 03**.
2. En la diapositiva 1, seleccione el texto **Marketing Online**.
3. En la ficha Inicio, en el grupo Fuente, clic en la flecha del comando Fuente.

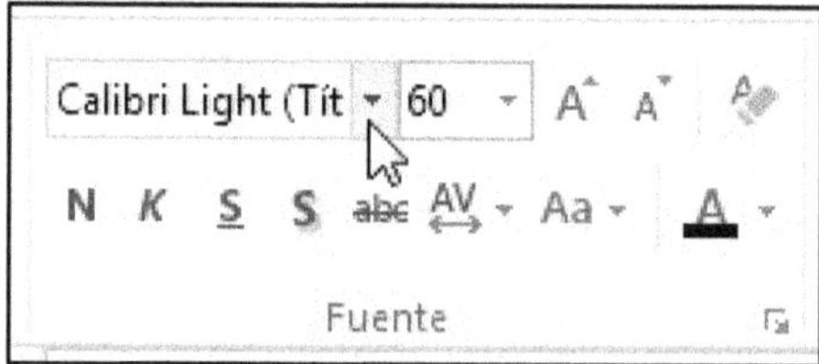

4. De la lista de fuentes, seleccione **Verdana**. Note cómo ha cambiado la fuente de su título.
5. Ahora, en el mismo grupo, clic en la flecha de **Tamaño de fuente** y clic en 96.

También puedes agregar un tamaño de fuente escribiendo directamente en el cuadro de texto.

6. Clic antes del texto `Handz` y escriba **`Creado por`** y de un espacio en blanco para separar ambas palabras.
7. Clic al final del texto **`Valentin`** y pulse la tecla `Suprimir`. Ambos textos se juntan.
8. Agregue una coma y escriba: `Especialista en` y de un espacio en blanco para separar ambas palabras.

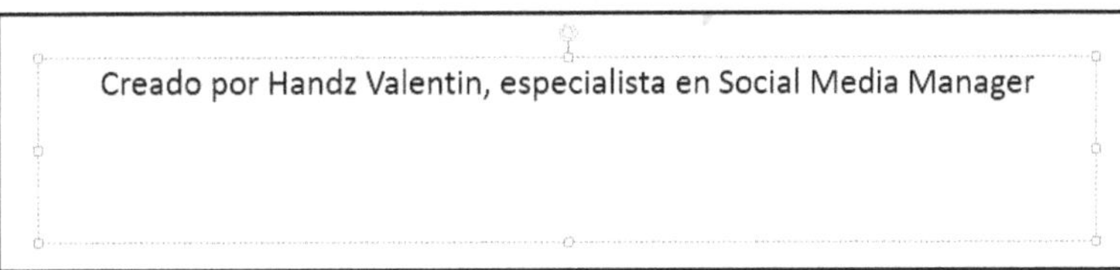

9. Ajuste el segundo marcador de posición y colóquelo en la parte inferior de la diapositiva. (Vea la imagen como referencia).

10. Seleccione todo el texto del segundo marcador de posición y aplique fuente *Lucida Bright* y tamaño 16.
11. Guarde su presentación con el nombre ***Mi Marketing Online***.

***ALTO:** No cierre su presentación, lo usaremos en el próximo ejercicio.*

Aplicar un fondo a las diapositivas

Ya aplicó un tipo y un tamaño de fuente. Ahora, antes de seguir haciendo cambios a las fuentes, sería recomendable usar un color de fondo a las diapositivas. Al usar un color de fondo, podrá darse cuenta qué colores de fuente podrá usar en su presentación.

1. Clic en la ficha **Diseño**, y en el grupo **Personalizar**, clic en **Formato del fondo**. Se abre el panel **Dar formato al fondo**.

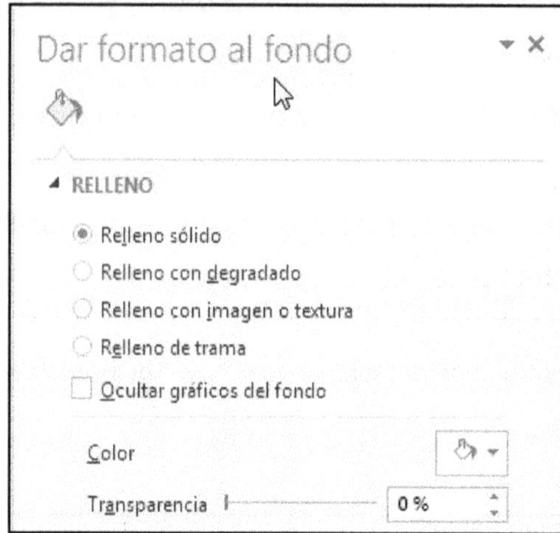

2. Con la opción Relleno solido seleccionado, clic en la flecha del comando Color y seleccione **Negro, Texto 1, Claro 15%**.

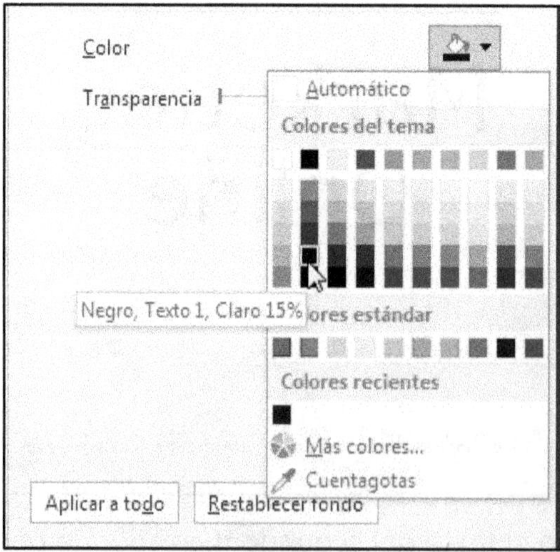

3. Para que el color de fondo se aplique a todas las diapositivas y no solo a la primera, clic en el botón **Aplicar a todo**.

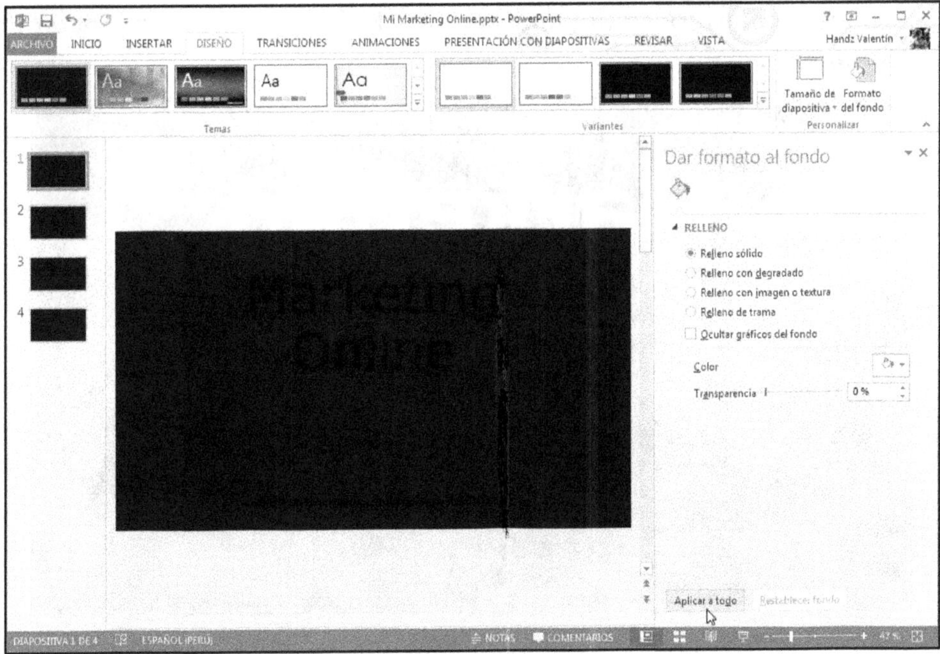

4. Cierre el panel **Dar formato al fondo** haciendo clic en la **X** del extremo superior derecho.
5. Guarde su presentación.

ALTO: *No cierre su presentación, lo usaremos en el próximo ejercicio.*

Aplicar un color de fuente

Ahora que ya hemos agregado un fondo a sus diapositivas, es hora de aplicar color a sus textos y enfatizar lo que queremos decir. En este ejercicio, volveremos a trabajar con el grupo Fuente.

1. En la diapositiva 1, seleccione el texto **Marketing Online**.
2. En Inicio | Fuente | clic en el comando **Color de fuente** y clic en el color **Blanco, Fondo 1**. Ahora el texto contrasta mejor con el fondo.
3. Para darle más resalte al texto, clic en el comando ***Negrita***.
4. Seleccione todo el texto `Creado por Handz`... y aplique el color **Blanco, Fondo 1**.
5. Seleccione solo el texto `Handz Valentin` y aplique el color **Anaranjado, Énfasis 2**.

6. Aplique el mismo color **Anaranjado, Énfasis 2** al texto ***Social Media Manager***.

7. Seleccione la diapositiva 2 y aplique al título la fuente **Verdana**, tamaño **72**, color **Blanco, Fondo 1**.
8. Aplique al texto la fuente **Lucida Bright**, tamaño **24**, color **Blanco, Fondo 1**.

9. Guarde su presentación.

ALTO: *No cierre su presentación, lo usaremos en el próximo ejercicio.*

Usar Copiar Formato

Ha terminado de darle formato a la diapositiva 2, pero aún necesita aplicar ese mismo formato a la diapositiva 3 y 4. Para evitar el trabajo duro con las demás diapositivas, usaremos el comando **Copiar formato**. Como su nombre lo dice, este comando solo permite, por ejemplo, copiar el formato aplicado a un texto, como la fuente, el tamaño o el color.

1. Seleccione la diapositiva 2 y luego seleccione el texto **`Agenda`**.
2. En la ficha Inicio, en el grupo portapapeles, clic en **Copiar formato**.

3. En el panel Diapositivas, seleccione su diapositiva 3 y lleve el puntero del mouse cerca al título **`¿Sabía usted qué?`**, y observe cómo el puntero ha cambiado por la forma de un cursor con una brocha.

4. Con mucho cuidado, desde el lado izquierdo, seleccione el texto **`¿Sabía usted que?`** Ahora, el texto seleccionado ha tomado el formato del título de la diapositiva 2.
5. Seleccione la diapositiva 2 y copie el formato de los textos en viñetas.
6. Ahora, seleccione los textos en viñetas de la diapositiva 3 para que se copie el formato.

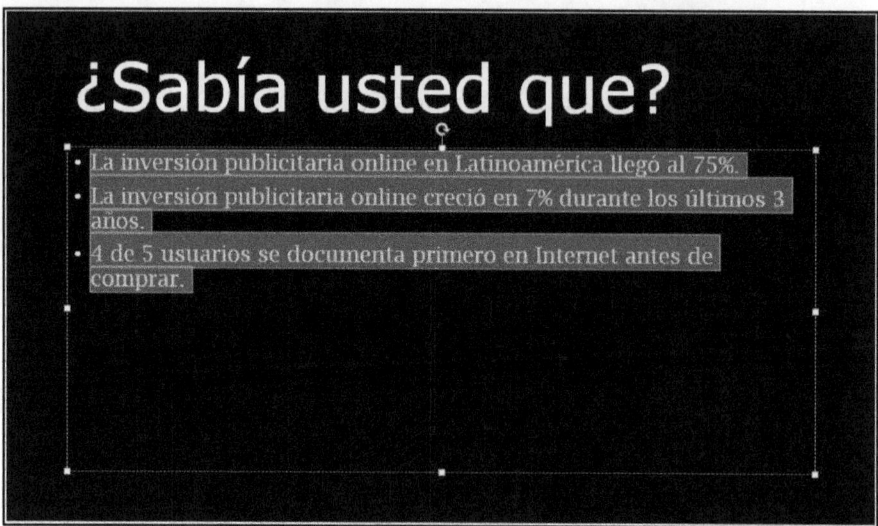

7. Realice un copiado de formato de la diapositiva 3 hacia la diapositiva 4.

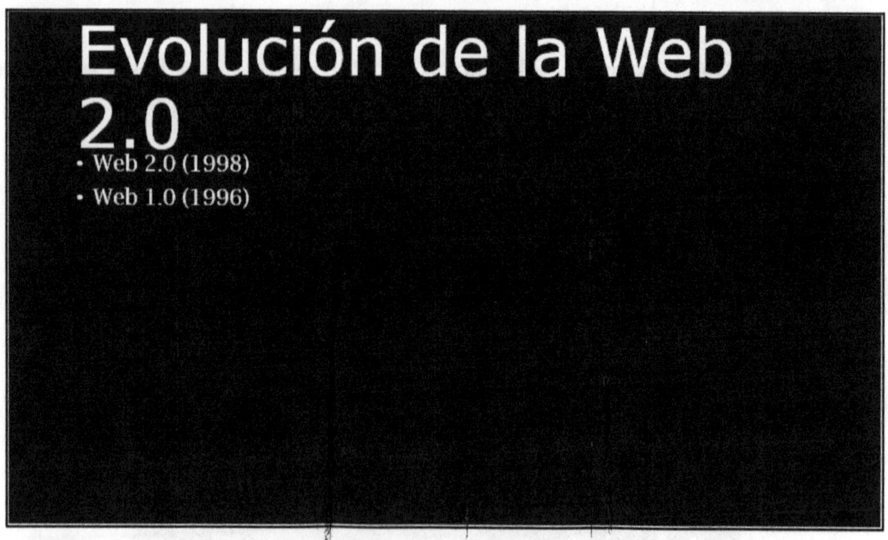

8. Guarde su presentación.

ALTO: *No cierre su presentación, lo usaremos en el próximo ejercicio.*

Aplicar una iluminación al texto

Ya está quedando cada vez mejor la presentación y ahora necesita agregar un título que enfatice el tema Plan de Marketing. Una de las herramientas que permite enfatizar texto en una diapositiva es **Efectos de texto**. En el siguiente ejercicio, aprenderá a aplicar un efecto de iluminación.

1. Seleccione la diapositiva 2 y desde Inicio | Diapositivas | flecha Nueva diapositiva, seleccione **Solo el título**.

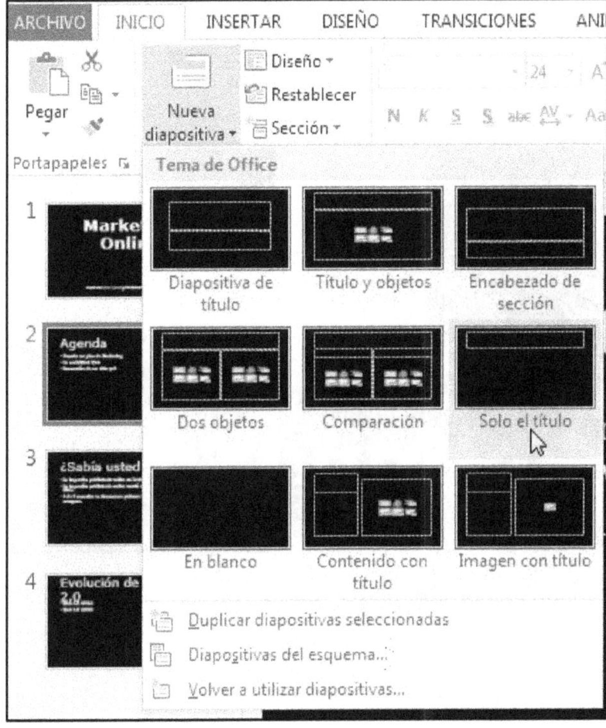

2. En el marcador de posición *Haga clic para agregar título*, agregue el texto `Plan de marketing`.
3. Aplique fuente Verdana, tamaño 80, color Blanco, Fondo 1.
4. Intente posicionar el marcador de posición en el medio de la diapositiva.

5. Seleccione el texto **Plan de marketing** y en la ficha **Formato**, en el grupo **Estilos de WordArt**, clic en **Efectos de texto**.

6. Señale ***Iluminado*** y clic en **Azul, 18 ptos iluminado, color de énfasis 1**.

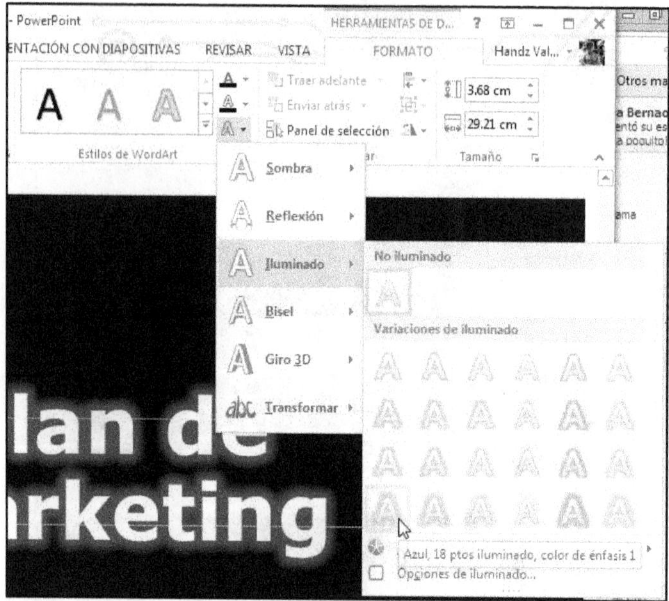

7. Haga un clic fuera del marcador de posición para ver cómo ha quedado su diapositiva.
8. Guarde su presentación.

ALTO: *No cierre su presentación, lo usaremos en el próximo ejercicio.*

Convertir un texto en gráfico

Otra forma de enfatizar la información en una diapositiva es mediante un gráfico de SmartArt. En PowerPoint, puede ingresar diversos diseños de formato de SmartArt a partir de un texto seleccionado.

1. Seleccione su diapositiva 5 y seleccione sus textos en viñetas.
2. Clic a la ficha Inicio, y en el grupo Párrafo, clic en el comando **Convierte en un gráfico SmartArt**.
3. Señale con el puntero del mouse los diversos diseños de la galería y observe como puede quedar su presentación.

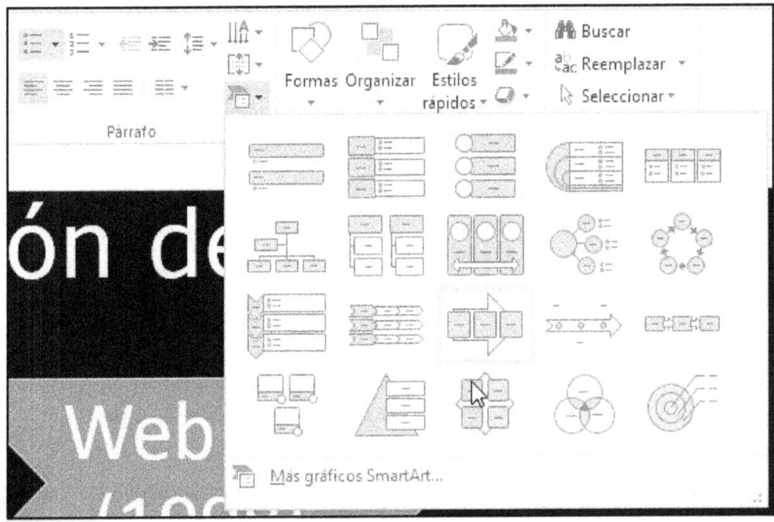

4. Aunque los diseños son interesantes, no es el que buscamos, así que seleccione **Más gráficos SmartArt.**
5. En el cuadro de diálogo ***Elegir un gráfico SmartArt,*** seleccione la opción *Relación* y luego elija *Flechas de contrapeso.*
6. Clic en **Aceptar**.

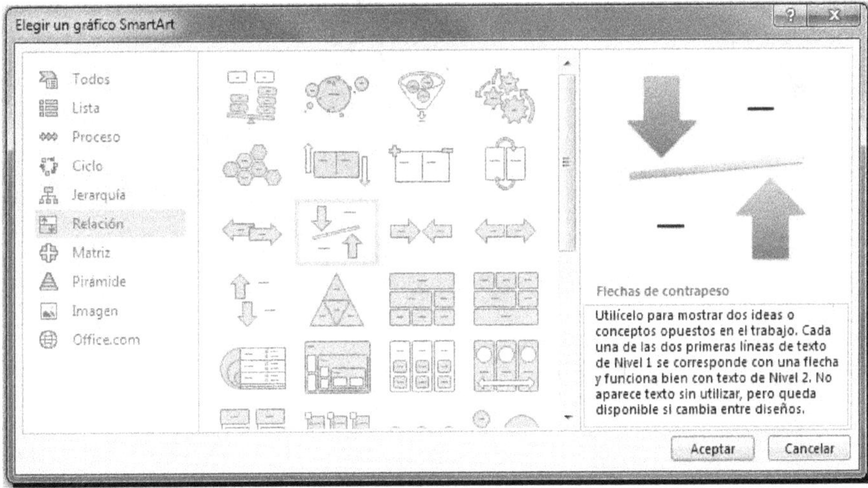

7. Una vez agregado su gráfico, seleccione el texto *Web 1.0 (1996)* y aplique el color **Blanco, Fondo 1**.
8. Haga lo mismo con el texto *Web 2.0 (1998).*
9. Clic en un espacio libre en la diapositiva para dejar de seleccionar el gráfico.
10. Guarde su presentación.

ALTO: *No cierre su presentación, lo usaremos en el próximo ejercicio.*

Aplicando formato a un cuadro de texto

Para darle más información al gráfico vamos a agregar dos cuadros de texto que representen la cantidad de usuarios que tiene la Web 1.0 y la Web 2.0.

1. En la ficha Insertar, en el grupo Texto, clic en **Cuadro de texto**.
2. Clic en un espacio libre al lado del texto *Web 1.0 (1996)* para que el cuadro de texto se inserte.
3. Agregue el texto: `45 millones de usuarios.`
4. Seleccione el texto que acaba de agregar y aplique la fuente **Lucida Bright**, tamaño **16** y color **Anaranjado, Énfasis 2**.

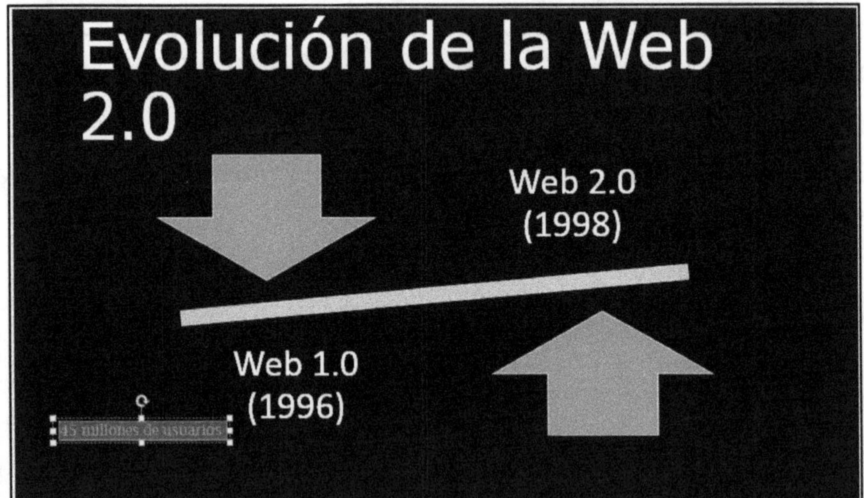

5. Mientras aún esté seleccionado el texto, en la ficha **Inicio**, en el grupo **Párrafo**, dé clic en **Dirección del texto**.
6. Seleccione **Girar todo el texto 270°**.

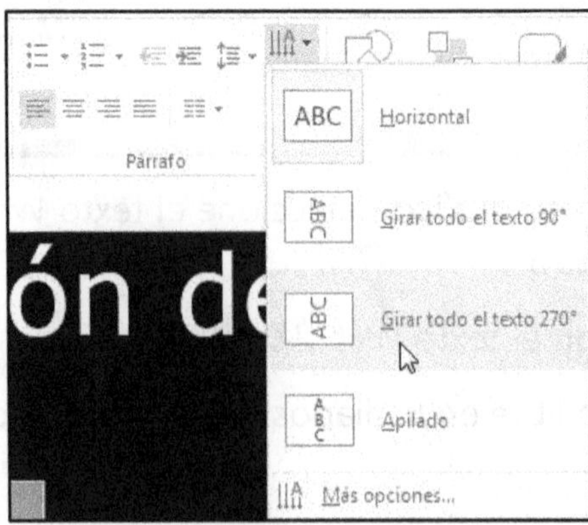

7. Posicione el texto tal como lo muestra la siguiente imagen.

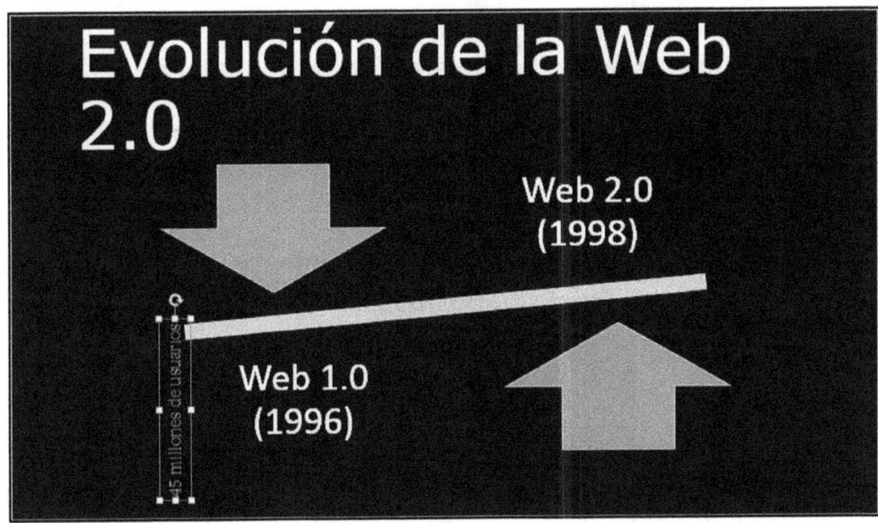

8. Posicione al otro extremo otro cuadro de texto que diga: **2 billones de usuarios**.

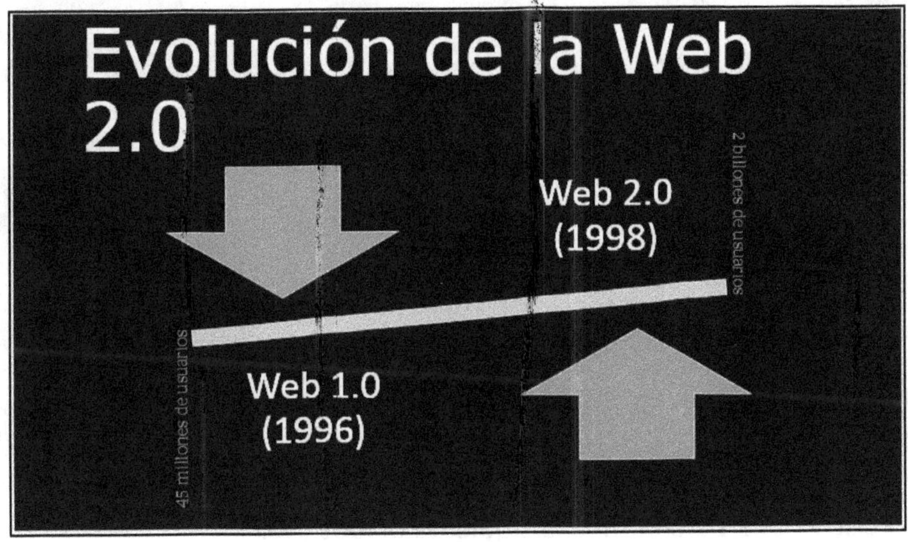

ALTO: *No cierre su presentación, lo usaremos en el próximo ejercicio.*

Revisar sus diapositivas en la vista presentación

Ahora que ya han culminado las ediciones básicas en las diapositivas, vamos a darle un vistazo en pantalla completa usando nuevamente la vista presentación.

1. Estando aún en la diapositiva, clic en el botón Presentación con diapositivas.

2. La diapositiva 5 es la que aparece a pantalla completa, como nosotros queremos empezar desde la primera diapositiva, primero debe salir de esta vista pulsando la tecla **ESC**.
3. Ahora pulse F5. Como puede ver, la primera diapositiva se muestra a pantalla completa.
4. Mueva el mouse y verá en la esquina inferior izquierda una serie de herramientas, clic en **Elegir diapositiva**.

5. En la vista de diapositivas, seleccione la diapositiva 4. Ahora, fácilmente se ha transportado hacia la diapositiva 4.

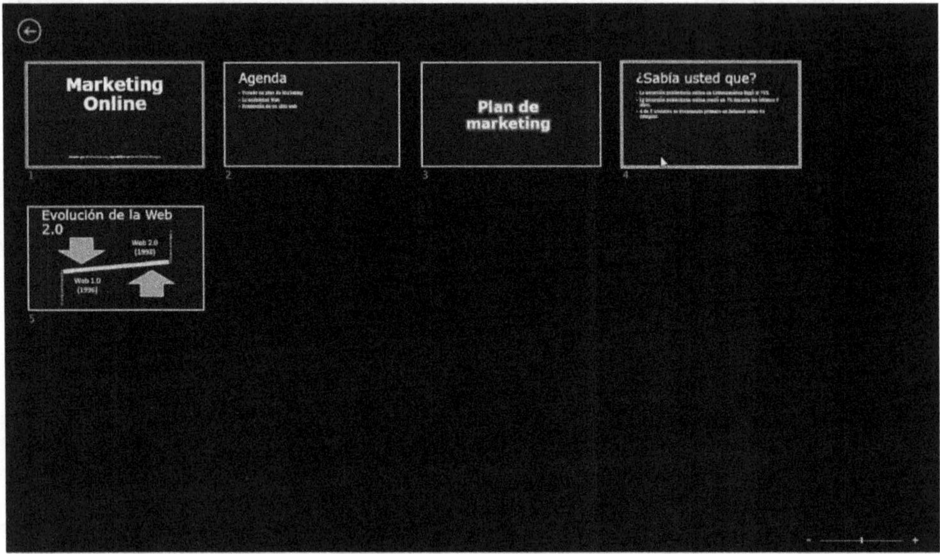

6. Pulse `Enter` para pasar a la siguiente diapositiva.
7. Para ver la información extra del gráfico, mueva el mouse y clic en la herramienta Zoom.

8. Mueva el visor sobre el texto `2 billones de usuarios.`

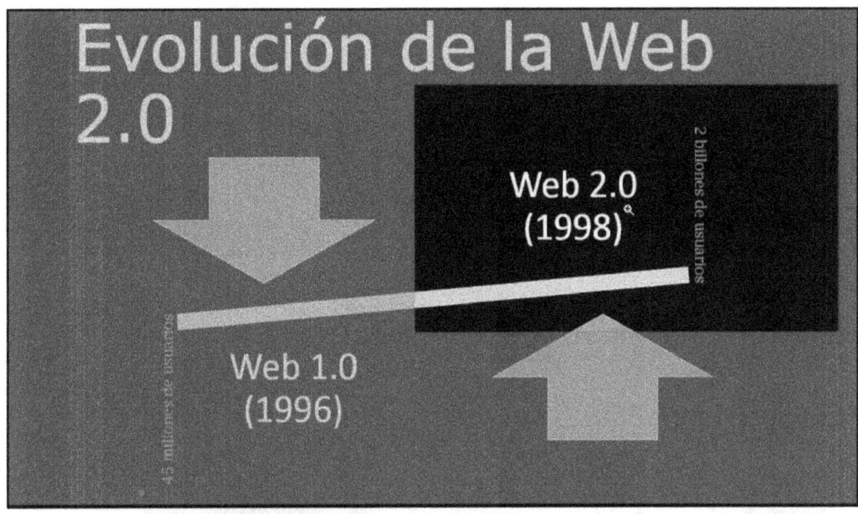

9. Clic sobre ese lugar para que la diapositiva haga un Zoom.
10. Pulse **Esc** para salir del Zoom y nuevamente **Esc** para regresar a su diapositiva.
11. Guarde su presentación.

ALTO: *No cierre su presentación, lo usaremos en el próximo ejercicio.*

Cambiar el tamaño de su presentación

En esta versión 2013, todas las diapositivas tienen un tamaño panorámico de 16:9, esto se ajusta a las nuevas pantallas amplias (widescreen). Pero, muchas veces cuando hace una presentación, los proyectores tienen un tamaño cuadrado el cual no se ajusta a su trabajo. A continuación, cambiará el tamaño de su diapositiva para ajustarse a un proyector.

1. En la ficha Diseño, en el grupo Personalizar, clic en **Tamaño de diapositiva**.
2. Seleccione **Estándar 4:3**.

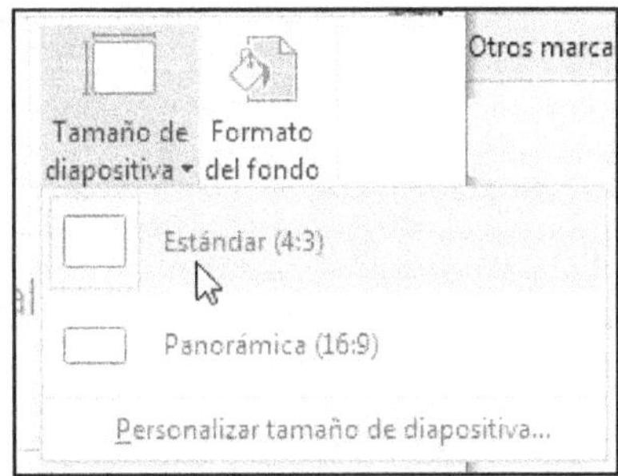

Observe cómo las diapositivas han cambiado su tamaño a un estilo cuadrado.

3. Al hacer el cambio, el fondo ha desaparecido, así que, clic en Formato de fondo y seleccione el color Negro, Texto 1, Claro 15%.
4. Clic en Aplicar a todo y luego cierre el panel **Dar formato al fondo**.

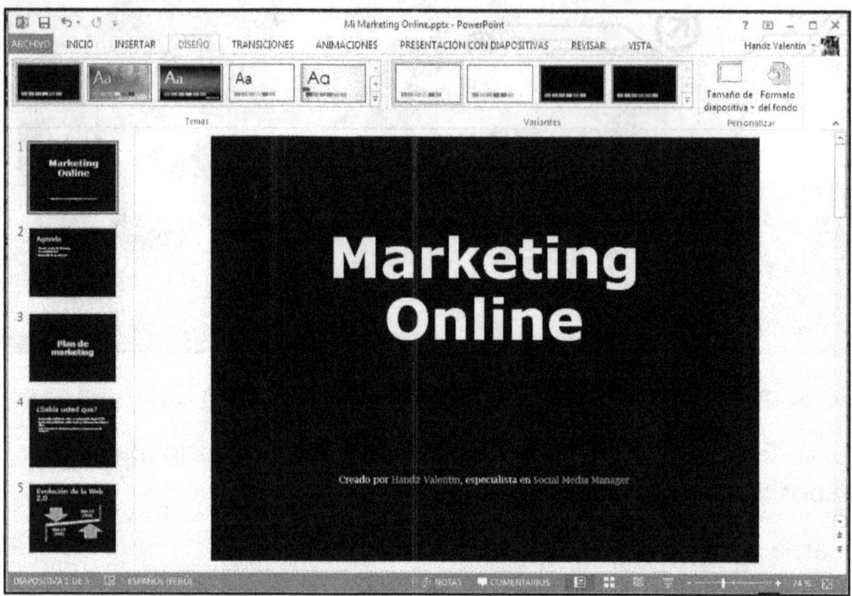

5. Pulse **F5**. Si la pantalla es panorámica entonces aparecerá espacios de color negro a los costados de la diapositiva, sin embargo, la diapositiva es cuadrada.

6. Puede navegar por sus diapositivas y al final guarde su presentación con el nombre **Mi Marketing Online (proyector)**.
7. Cierre PowerPoint.

Capítulo 4: Agregando Imágenes

En este capítulo usted aprenderá a:

- Insertar una imagen como fondo
- Insertar imágenes a las diapositivas
- Aplicar efectos
- Posicionar y girar
- Quitar y recortar una imagen

Insertar Imágenes a sus Diapositivas

Dicen que una imagen vale más que mil palabras, y eso, en una presentación, es muy cierto. Muchos usuarios llenan demasiada información en sus diapositivas con textos, cuando la mejor forma de captar la atención de la audiencia es usando imágenes. En este apartado, usted podrá insertar una imagen como fondo de diapositiva, agregará una imagen y le aplicará un formato, utilizará los efectos artísticos, podrá recortar una imagen y sacarle el fondo, y dará un vistazo a su presentación.

Insertar una imagen como fondo de diapositiva

Usted ha podido darle un fondo a su diapositiva para que esta se vea más elegante, pero no todas las diapositivas necesariamente deben tener el mismo fondo; es posible que, en lugar de un fondo de un solo color, necesite agregar una imagen que ayude a la audiencia a entender el significado del texto.

1. Abrir la presentación **Marketing Online Presentación.pptx** desde la C: | PowerPoint – Lab | Guía 04.
2. Seleccione la diapositiva 4 e inserte una nueva diapositiva de **Solo el título**. Note como se ha insertado una nueva diapositiva en la presentación y esta tiene el mismo color que las demás.
3. Agregue el texto: **1. Establecer Objetivos.**
4. Seleccione el texto que acaba de agregar y aplique fuente Courier New, color **Blanco, Fondo1**.
5. En el mismo grupo Fuente, clic en **Especiado entre caracteres** y seleccione **Muy estrecho**.

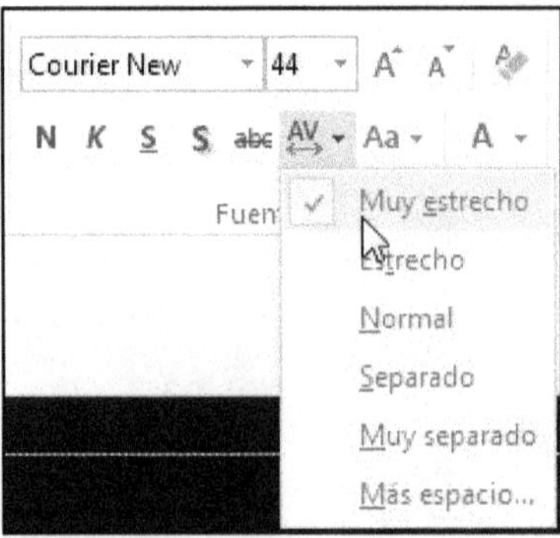

6. Aplique tamaño 40 y luego Negrita.
7. Intente llevar el marcador de posición un poco a la izquierda (vea la imagen como referencia). Luego, clic en un espacio fuera de marcador de posición.

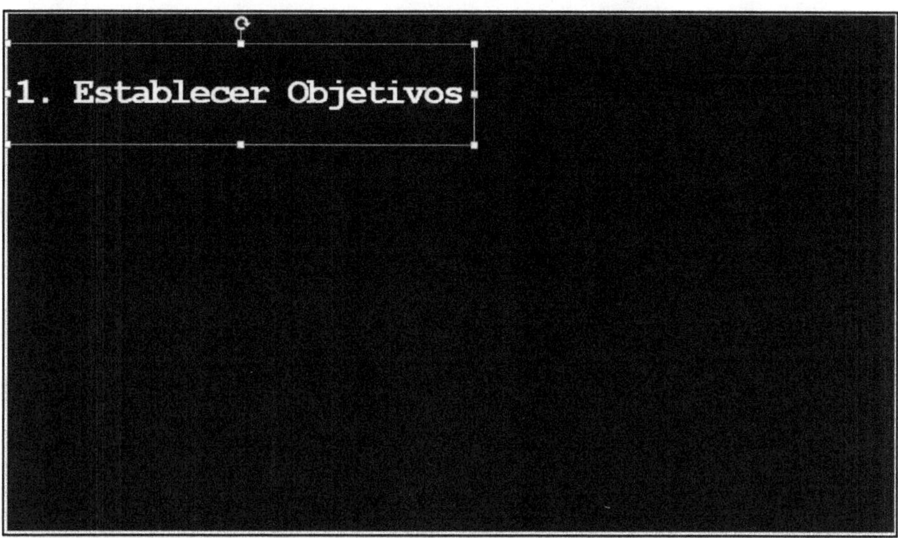

8. Clic en **Diseño**, y en el grupo **Personalizar**, seleccione **Formato del fondo**.
9. En el panel **Dar formato al fondo**, en la sección **Relleno**, seleccione **Relleno con imagen o textura**. Observe que se aplica un fondo diferente de forma automática.
10. Como queremos insertar nuestra propia imagen, clic en el botón Archivo.

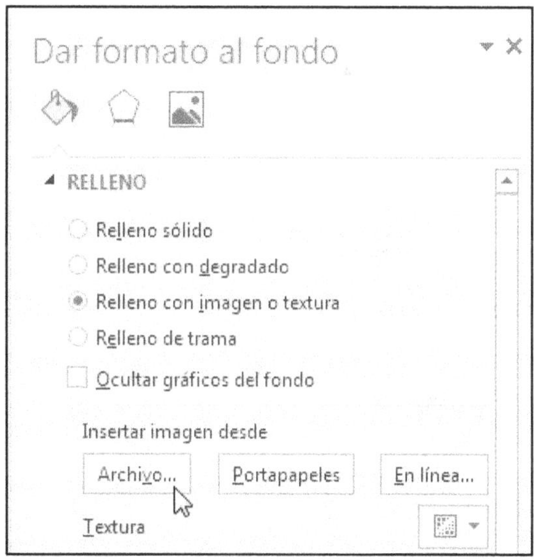

11. En el cuadro de diálogo Insertar imagen, navegue hasta C: | PowerPoint – Lab | Guía 04.
12. Seleccione el archivo **Ir al ojetivo.jpg** y clic en **Abrir**. El fondo de diapositiva acaba de cambiar por una imagen.

13. Cierre el panel *Dar formato al fondo* y guarde su presentación con el nombre ***Mi Marketing Online Presentación***.

ALTO: *No cierre su presentación, lo usaremos en el próximo ejercicio.*

Insertar una imagen en la diapositiva

Haber aplicado una imagen como fondo de diapositiva le ha dado un toque de profesionalismo a su presentación. Ahora, necesita agregar una imagen ya no como fondo, sino como parte de la diapositiva. Esta imagen se inserta como un objeto que puede ser personalizado si es necesario.

1. Seleccione la diapositiva 7 y luego inserta una nueva diapositiva **En Blanco**.
2. Par aplicar un fondo de color blanco, seleccione la ficha Diseño, y en el grupo Personalizar, clic en *Dar formato a fondo*, seleccione ahora el color Blanco, Fondo1.
3. Inserte un cuadro de texto y escriba: `Medios Sociales`.
4. Agregue otro cuadro de texto y escriba: `Elija el canal más adecuado`.
5. Al texto `Medios Sociales` aplique el siguiente formato: Fuente **Courier New**, tamaño **72**, **Negrita**, color **Anaranjado, Énfasis 2, Oscuro 25%**.
6. Al texto `Elija el canal más adecuado` aplique el siguiente formato: Fuente **Courier New**, tamaño **48**, **Negrita**, color **Negro, Texto 1, Claro 15%**.
7. Solo al texto `canal`, aplique el color **Anaranjado, Énfasis 2, Oscuro 25%**.

8. Coloque el texto Medios Sociales en la parte superior de la diapositiva, y el otro texto justo en la parte inferior.

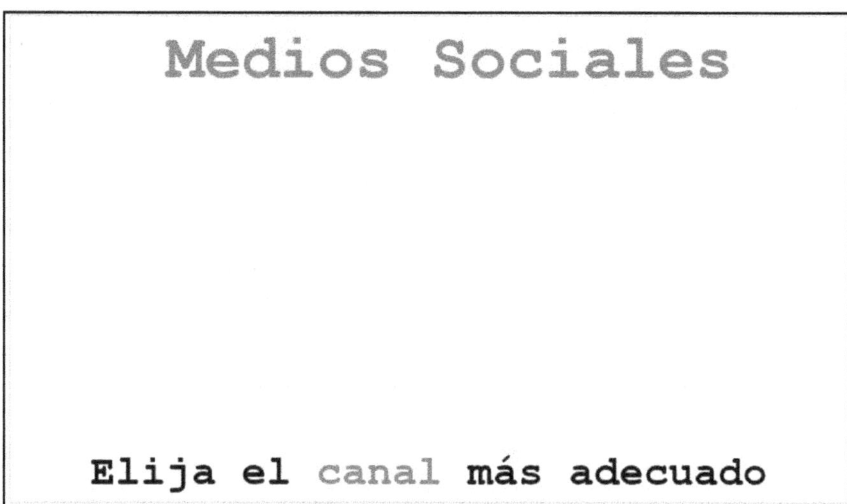

9. Seleccione la ficha Insertar, y en el grupo Imágenes, dé clic en **Imágenes**.
10. En el cuadro de diálogo Insertar imagen, navegue hasta C: | PowerPoint – Lab | Guía 04.
11. Clic en la imagen **Social Media.png** y luego clic en **Insertar**.

12. Como la imagen insertada es muy grande vamos a cambiar su tamaño, use el controlador de la esquina superior derecha hasta que el puntero cambie por una flecha de dos puntas inclinada.

13. Haciendo clic sin soltar, arrastre en diagonal hacia abajo para ajustar la imagen.

14. Ajuste su tamaño y posicione la imagen para que pueda caber en la diapositiva tal como lo muestra la siguiente figura.

ALTO: *No cierre su presentación, lo usaremos en el próximo ejercicio.*

Aplicar un efecto de iluminado a la imagen

Algunas imágenes PNG, como la que insertó en el ejercicio anterior, tienen un fondo transparente lo cual es ideal para poder aplicar un efecto de iluminación y que este resalte mejor. Si usa una imagen JPG, el efecto iluminación solo es alrededor de la imagen dando la forma de un cuadrado, por lo tanto, no sería buena idea usar ese tipo de imágenes para aplicar este efecto.

1. Clic en la imagen de la diapositiva 8. Observe como aparece una nueva ficha llamada **Formato**.
2. Clic en un espacio libre en la diapositiva y la ficha **Formato** desaparece.
3. Seleccione una vez más la imagen, y en la ficha Formato, en el grupo Estilos de imagen, clic en **Efectos de la imagen**.
4. Señale la opción Iluminado y luego clic en **Azul, 18 ptos iluminado, color de énfasis 1**.

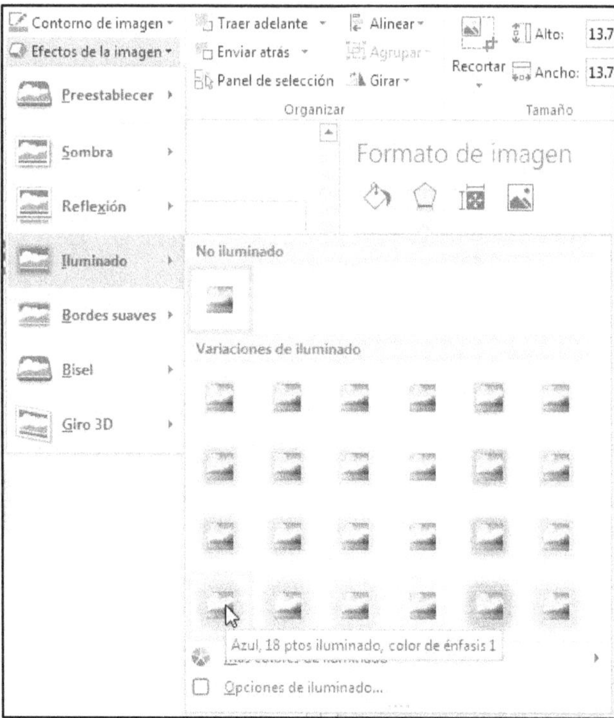

ALTO: *No cierre su presentación, lo usaremos en el próximo ejercicio.*

Aplicar un efecto de sombra a la imagen

Para dar la impresión que la imagen está flotando en la diapositiva, vamos a agregar el efecto de sombra, y luego cambiaremos algunos detalles de la misma.

1. Para cambiar el tamaño de la imagen, primero seleccione la imagen, y en la ficha Formato, en el grupo Tamaño, escriba 12 en alguno de los campos que contiene la medida en centímetros y pulse Enter.

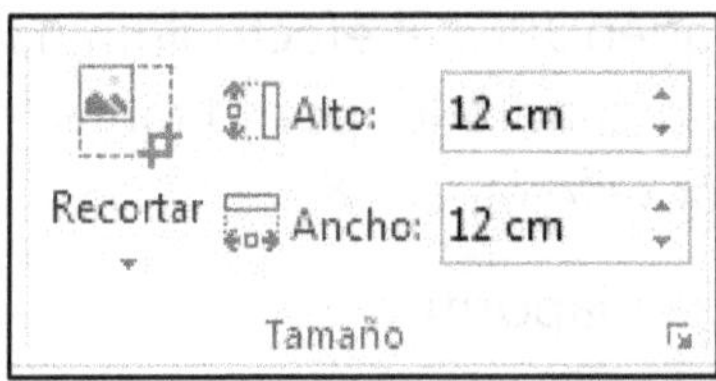

2. En el grupo *Estilos de imagen*, clic en ***Efectos de imagen***.
3. Señale la opción **Sombra** y en la sección **Perspectiva**, seleccione la opción **Debajo**.
4. Para personalizar la sombra agregada, clic derecho en la imagen y seleccione **Formato de imagen**.
5. En el panel *Formato de imagen*, en la sección **Sombra**, en **Distancia**, cambie 25 por **10**.

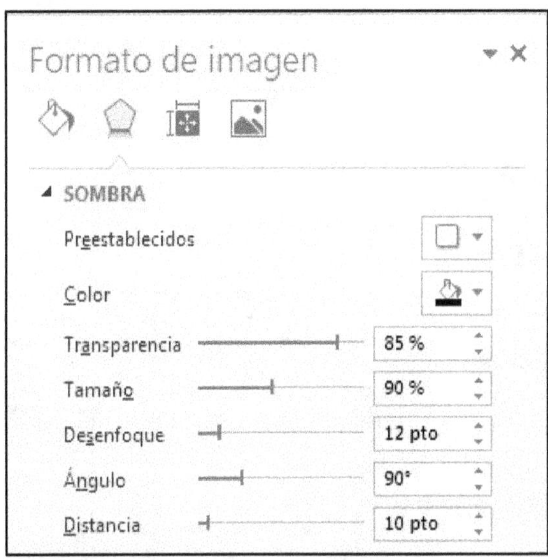

6. Cierre el panel Formato de imagen. Su diapositiva 8 ha quedado lista.
7. Guarde su presentación.

ALTO: *No cierre su presentación, lo usaremos en el próximo ejercicio.*

Colocar una imagen en el lugar correcto

Mover una imagen dentro de una diapositiva a veces puede parecer un reto. Es posible que usted quiera colocar una imagen pequeña en un lugar adecuado de la diapositiva, pero hacerlo solo atinando al buen ojo quizá no sea la mejor opción. Para poder colocar una imagen en un lugar, lo más exacto posible, usaremos la cuadrícula de una diapositiva.

1. Inserte una diapositiva en blanco después de la diapositiva 8.
2. Clic en la ficha **Insertar** y en el grupo **Imágenes**, clic en **Imágenes**.
3. Navegue hasta C: | PowerPoint – Lab | Guía 04 y abrir la imagen Blogger.png. El logo de Blogger se inserta.
4. Con la imagen seleccionada, en la ficha Formato, en el grupo Tamaño, cambie a ***3.99 cm***.
5. Clic derecho en su diapositiva, señale *Cuadrícula y guías* y clic en ***Agregar guía vertical***.

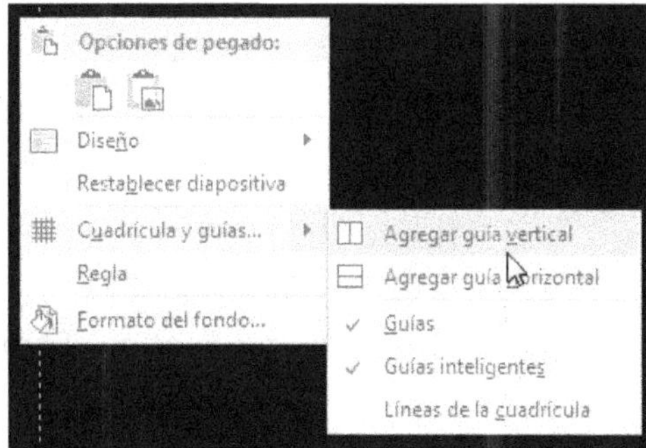

6. Repita el paso para agregar una guía horizontal.
7. Como puede ver, ahora aparece dos líneas que cruzan la diapositiva. Intente llevar la imagen al medio.

8. Para darle más exactitud, en la ficha **Vista**, en el grupo **Mostrar**, active Líneas de cuadrícula. Ahora sí, coloque la imagen justo en el medio de la diapositiva.

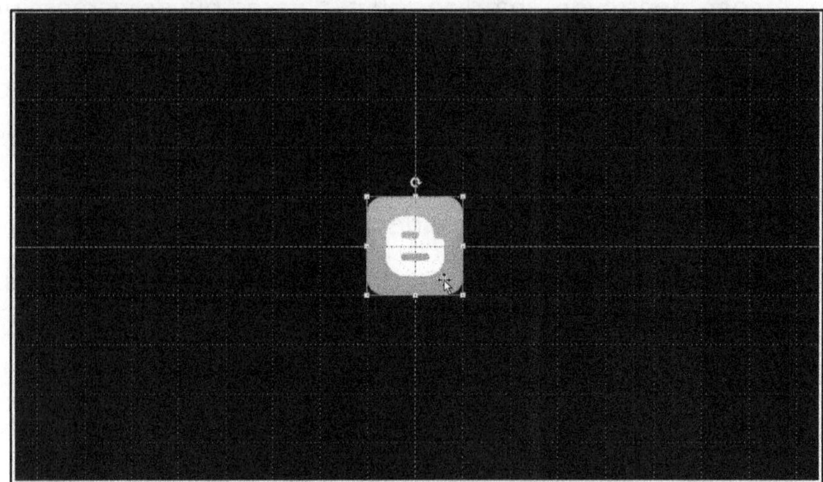

9. Desde Vista | Mostrar, desactive **Líneas de cuadrícula** y **Guías**.
10. Para darle un toque de efectividad a la imagen, clic en Formato | Estilos de imagen | Efectos de imagen.
11. Seleccione **Reflexión** y clic en **Semireflejo, desplazamiento de 8 ptos**.
12. Guarde su presentación.

ALTO: *No cierre su presentación, lo usaremos en el próximo ejercicio.*

Posicionar y girar un cuadro de texto

Ya hemos trabajado anteriormente con cuadros de texto y hemos visto que este objeto puede ayudar a mostrar aún más información. Ahora, insertaremos un cuadro de texto y le daremos un giro básico.

1. Inserte un nuevo cuadro de texto en la diapositiva 9.
2. Agregue el texto: `Informar Al Mundo`.
3. Aplique el formato: Fuente Courier New, tamaño 66, Negrita, color Anaranjado, énfasis 2, Oscuro 25%.
4. Coloque el cuadro de texto en la parte inferior central de la diapositiva. Si es necesario, use líneas guías o la misma cuadrícula.

5. Agregue un cuadro de texto más y escriba: `El mejor lugar`. Pulse **Enter** y continúe con el texto: `para darse a conocer`.
6. Aplique tamaño 20, fuente Forte, color Blanco, Fondo1.
7. Coloque el cuadro de texto encima de la imagen y un poco a la izquierda. (Vea la imagen como referencia).

8. Con el cuadro de texto aún seleccionado lleve el puntero sobre el controlador de giro, ubicado en la parte superior media del cuadro de texto.

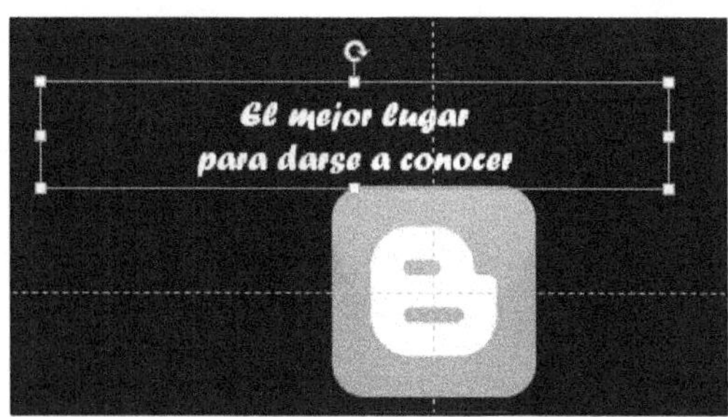

9. Clic sin soltar y gire lentamente hacia la izquierda tal como lo muestra la siguiente figura.

10. Una vez terminado el giro, suelte el cuadro de texto. Su diapositiva debe verse como la siguiente imagen.

11. Guarde su presentación.

ALTO: *No cierre su presentación, lo usaremos en el próximo ejercicio.*

Insertar varias imágenes a la vez

Ya ha practicado insertando al menos una imagen en una diapositiva, pero a veces es necesario insertar dos o más. Para ahorrar tiempo, de un solo procedimiento, puede insertar varias imágenes a la vez, y si fuese necesario, aplicar las mismas propiedades a todas, por ejemplo, cambiar su tamaño.

1. Inserte una nueva diapositiva al final de la diapositiva 9.

2. Dentro de la diapositiva 10, inserte el cuadro de texto: `USE SUS CANALES`.
3. Aplique fuente Courier New, tamaño 66, Negrita y color Blanco, Fondo1.
4. Ingrese a Insertar | Imágenes | Imágenes.
5. En **Insertar imagen**, clic en **Blogger.png** y luego, manteniendo pulsada la tecla `Ctrl`, clic en **Facebook.png**, **googleplus.png**, **Twitter.png** y **youtube.png**.

6. Clic en **Insertar**. Todas las imágenes, con sus respectivos tamaños, se insertan en la diapositiva.

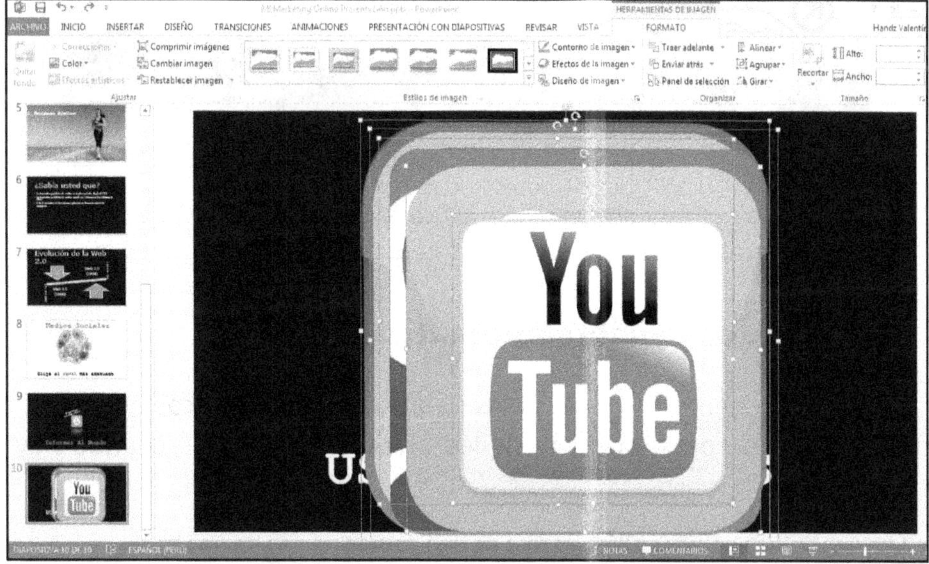

7. Con todas las imágenes aun seleccionadas, en la ficha Formato, en el grupo Tamaño, aplique el tamaño ***3.75 cm***. Observe que todas las imágenes a la vez cambian de tamaño.

8. Separe las imágenes dentro de la diapositiva para que pueda tener más control con cada una de ellas.

ALTO: *No cierre su presentación, lo usaremos en el próximo ejercicio.*

Usar las guías de posición automáticas

Ahora, PowerPoint cuenta con unas guías de posición automáticas que permiten ser mucho más precisos con la posición de los objetos, en especial cuando hay varios que debe tratar.

1. Desde la ficha **Vista** | **Mostrar** | active **Guías**.
2. Intente llevar la imagen del logo de Facebook en la parte superior central de la diapositiva.

3. Ahora, intente llevar la imagen del logo de Blogger a la izquierda del logo de Facebook, y espere a ver dos líneas rojas horizontales indicando la posición vertical de ambos objetos. Si la posición vertical coincide, suelte el mouse para posicionarlo.

4. Intente llevar el logo de YouTube a la izquierda del logo Blogger. Espere a que aparezcan las dos líneas horizontales y además una línea con flechas indicando el espacio exacto de separación entre los tres logos.

5. Posicione todos los logos que restan en su respectiva posición. Vea la siguiente figura como referencia.

6. Posicione el cuadro de texto también en la parte inferior media de la diapositiva.

7. Guarde su presentación.

ALTO: *No cierre su presentación, lo usaremos en el próximo ejercicio.*

Aplicar efectos artísticos

Para mejorar aún más la diapositiva 10, vamos a aplicar un efecto artístico a las imágenes insertadas.

1. Antes de eso, seleccione el texto `USE SUS CANALES` y desactive la Negrita y aplique un color Anaranjado, énfasis 2, oscuro 25%.

2. Desde **Formato** | **Estilos de WordArt** | **Efectos de Texto** | **Reflexión** y aplique **Reflejo fuerte, desplazamiento de 4 ptos**.

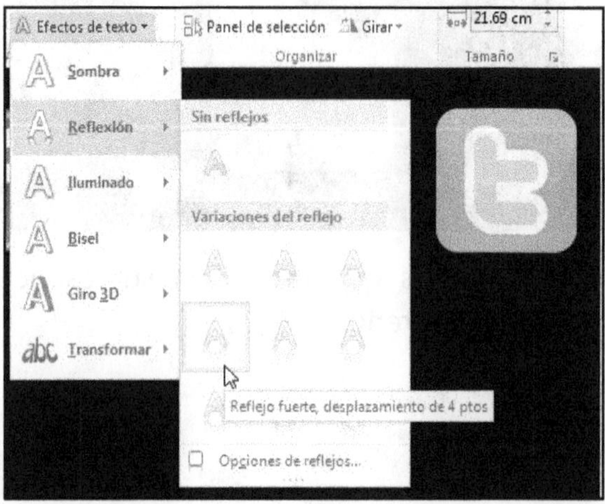

3. Ahora, vamos a aplicar el efecto artístico al logo de Facebook. Seleccione la imagen de Facebook y en **Formato**, en el grupo **Ajustar**, clic en **Efectos artísticos**.
4. Señale cada opción de la galería para ver una vista previa. Mientras va señalando, aparecerá su nombre correspondiente.
5. Clic en **Escala de grises con lápiz**. Observe el cambio.
6. Aplique una reflexión al logo de Facebook como lo muestra la siguiente figura.

7. Aplique el mismo efecto artístico y la reflexión a los demás logos.

8. Guarde su presentación.

ALTO: *No cierre su presentación, lo usaremos en el próximo ejercicio.*

Quitar fondo a una imagen

Mientras buscamos imágenes en Internet que se adecuen a nuestras necesidades, podemos encontrar de diversos tipos, en especial, los que poseen fondo blanco. Si una imagen de buena calidad tiene colores que no se mezclan, podemos quitarle el fondo fácilmente.

1. Agregar una nueva diapositiva después de la diapositiva 10.
2. Inserte un cuadro de texto: `En los Medios Sociales, más de 50,000 personas comparten sus intereses al día.`
3. Aplique un formato adecuado al texto, resaltando **más de 50,000**.

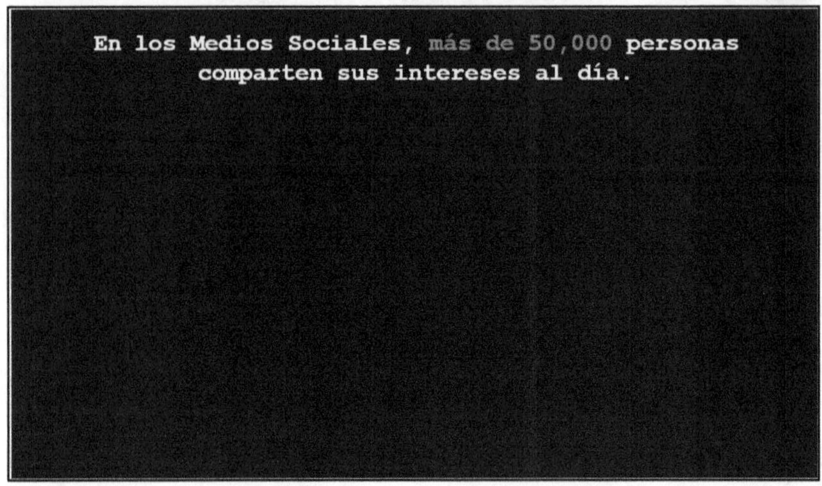

4. Ahora, inserte la imagen **Lap.jpg** en la diapositiva 11. Observe que la imagen cubre gran parte de la diapositiva y además tiene un fondo blanco.
5. Con la imagen seleccionada, clic en la ficha **Formato**, y en el grupo **Ajustar**, clic en **Quitar fondo**. Observe como aparece la imagen, la parte rosa es la que será eliminada.

6. Para evitar que las partes rosadas eliminen parte de la imagen, en la ficha **Eliminación del fondo** (que acaba de aparecer), seleccione **Marcar las áreas para mantener**.

7. Lleve el puntero, ahora convertido en un lápiz, hacia la esquina inferior de la laptop y dé un clic.

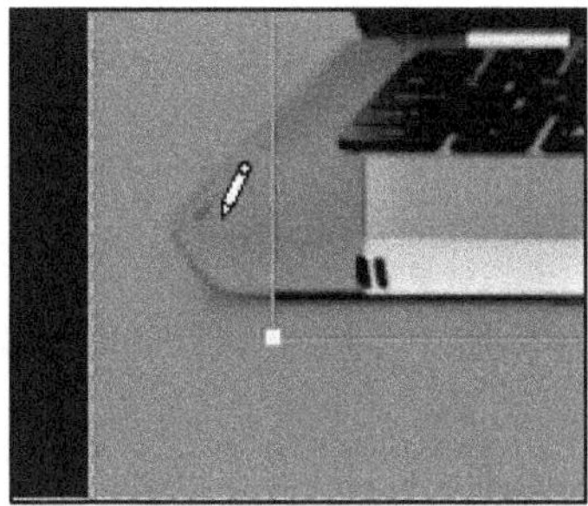

8. Haga lo mismo en el otro extremo. Verá como esas partes rosadas que iban a desaparecer han cambiado por su color original.

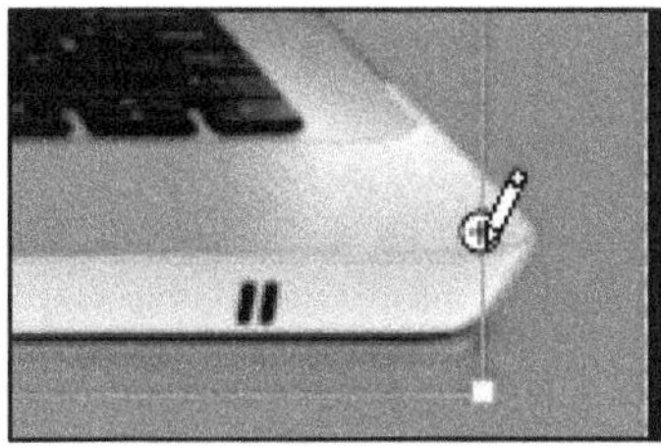

9. En la ficha **Eliminación del fondo**, en el grupo **Cerrar**, clic en **Mantener cambios**.

10. Ajuste el tamaño de la imagen para que quede bien en la diapositiva.
11. Guarde su presentación.

***ALTO:** No cierre su presentación, lo usaremos en el próximo ejercicio.*

Insertar una imagen desde Internet

Desde esta versión, PowerPoint permite conectarte a Internet y realizar una búsqueda sin necesidad de un navegador como Internet Explorer, Chrome o Safari. Ahora, vamos a insertar una imagen desde el buscador Bing.

Para este ejercicio, necesita estar conectado a Internet.

1. Seleccione la diapositiva 2.
2. En **Insertar | Imágenes** | clic en **Imágenes en línea.**
3. En la ventana de diálogo Insertar imágenes, en la sección Búsqueda de imágenes de Bing, escriba Agenda.

4. Pulse Enter, y espere a que se muestren las imágenes coincidentes. Algunas imágenes posiblemente no aparecerán debido a los derechos de autor, así que, para encontrar lo que queremos, solo para esta práctica, clic en el botón **Mostrar todos los resultados web**.
5. Seleccione la imagen que se muestra en la próxima figura y clic en Insertar.

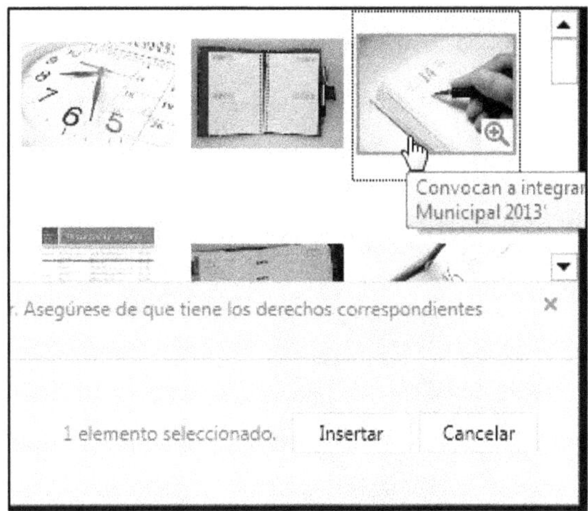

ALTO: *No cierre su presentación, lo usaremos en el próximo ejercicio.*

Recortar una imagen

A veces una imagen a tamaño completo no es lo que necesitamos, pero no por eso la vamos a eliminar. Podemos recortar la imagen desde sus lados y así usarlo para nuestras diapositivas.

1. Aumente el tamaño de la imagen insertada en el ejercicio anterior hasta que ocupe todo el alto de la diapositiva. Vea la siguiente figura como referencia.

2. Con la imagen seleccionada, desde la ficha Formato, en el grupo Tamaño, clic en Recortar.

3. Lleve el puntero del mouse sobre el controlador del extremo izquierdo de la imagen.

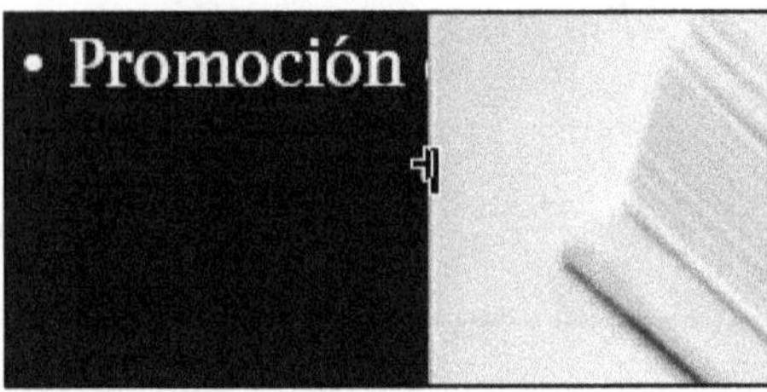

4. Clic sin soltar sobre el controlador y arrastre a la derecha. Observe como va quedando una sombra indicando que esa área será borrada.

5. Realice lo mismo con el otro extremo de la imagen.
6. Una vez terminado, nuevamente clic en **Recortar** de la ficha Formato. Como puede ver, su imagen ahora ha sido recortada a sus lados.
7. Coloque la imagen al extremo derecho de la diapositiva.
8. Pulse F5 para ver cómo va quedando su presentación. Luego, guarde su presentación y cierre PowerPoint.

Capítulo 5: Trabajando con Gráficos y Objetos

En este capítulo usted aprenderá a:

- Insertar formas básicas
- Crear un gráfico SmartArt
- Insertar un gráfico de Excel

Insertar Gráficos, SmartArt y Formas

Otras de las herramientas importantes que puede usar en sus exposiciones son los gráficos, los SmartArts y las formas. Así como las imágenes, estos objetos permiten resaltar y enfatizar la información de sus diapositivas. Por ejemplo, si es necesario presentarle a la audiencia lo bien que ha crecido la empresa, puede usar un gráfico de Excel que permita ver tal crecimiento. En este apartado usted aprenderá a insertar Gráficos de Excel, diagramas de SmartArt, así como formas básicas prediseñadas, y aplicará formato a las mismas.

Insertar formas básicas

En PowerPoint, usted puede insertar formas básicas a sus diapositivas como rectángulos, círculos o llamadas. Cuando inserta este tipo de objetos, si es necesario, puede agregar texto dentro de él y aplicarles formato de ser necesario.

1. Abrir la presentación **Social Media.pptx**.
2. Seleccione la diapositiva 7.
3. En la ficha Insertar, en el grupo Ilustraciones, clic en Formas.
4. En la sección **Llamadas**, clic en **Llamada rectangular**.

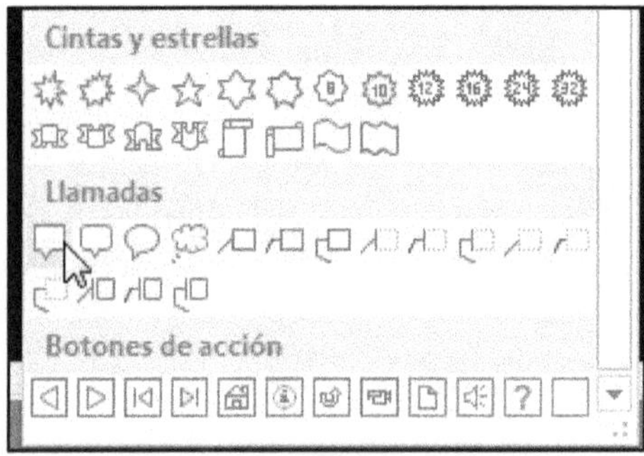

5. Intente dibujar un rectángulo por encima del logo de Facebook tal como lo muestra la siguiente imagen.

6. Para agregar un texto, clic derecho en la forma rectangular y seleccione **Modificar texto**.

7. Escriba lo siguiente: `Leiner Cárdenas: Yo uso Facebook para poder promocionar mi libro sobre Machu Picchu mediante los grupos.`

8. Mientras aún está seleccionada la forma, clic en el controlador de estado (color amarillo) y mueva la punta de la llamada hacia el logo de facebook.

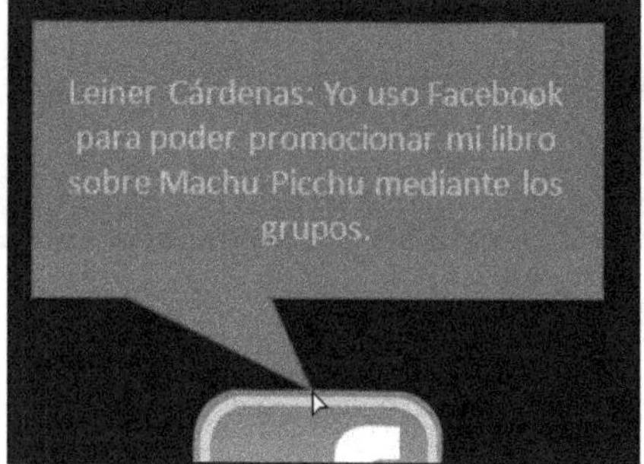

9. Inserte una **Llamada ovalada** justo a la derecha del logo de Facebook.

10. Agregue el siguiente texto: `Ivo Alcázar: Soy actor, y me hago ver a través de mi propio FanPage`. Luego, mueva el controlador de estado para apunar la llamada hacia el logo.

11. Agregue una **Llamada rectangular redondeada** justo debajo del logo y escriba: `María Valdivia: Chatear con compañeros de trabajo y amigos de antaño me ayudan a entretenerme`. Luego, apunte la llamada hacia el logo.

12. Agregue una Llamada de nube justo a la izquierda del logo y escriba: `Facebook: Una red social de amigos para amigos`. Luego, apunte la llamada hacia el logo.

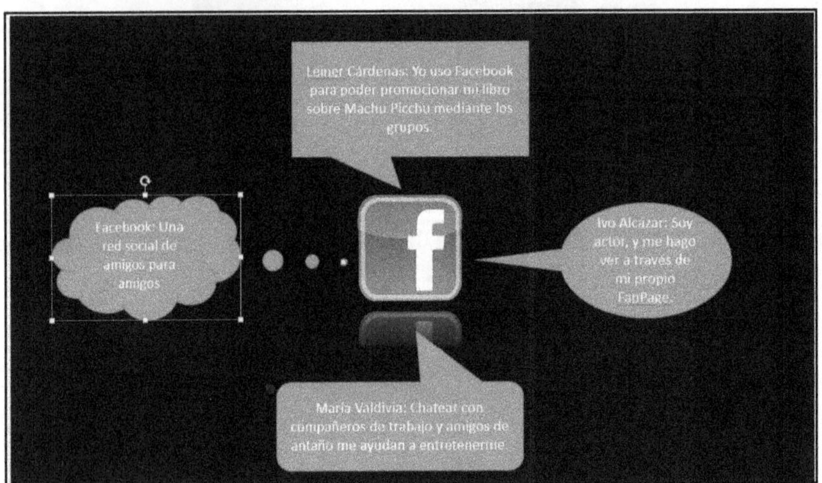

13. Guarde su presentación.

ALTO: *No cierre su presentación, lo usaremos en el próximo ejercicio.*

Aplicar formato a sus formas

Una vez agregado sus formas a la diapositiva, usted puede cambiarles la apariencia, como el color de fondo o el contorno.

1. Seleccione el texto de la forma que está encima del logo de Facebook.
2. Aplique el color **Negro, texto1**.
3. Clic en la ficha Formato, y en el grupo Estilos de forma, clic en la flecha de **Relleno de forma**.
4. Clic en el color **Blanco, Fondo1**.
5. Clic en la flecha de **Contorno de forma** y elija el color **Negro, Texto1**.
6. Aplique el mismo formato a las demás llamadas a excepción de la llamada de nube.

7. Seleccione la llamada de nube y aplique, color de fondo **Azul, énfasis 1, Oscuro 25%**. A ***Contorno de forma*** aplique color **Blanco, Fondo 1**.
8. Clic nuevamente en la flecha de **Contorno de forma**, señale **Grosor** y clic en **3 pto**.
9. Para terminar, seleccione la diapositiva 6 y seleccione el cuadro de texto que contiene la palabra **facebook**.
10. Desde la ficha Formato, en el grupo Estilos de forma, clic en la flecha de Relleno de forma y seleccione el color Azul, énfasis 1, oscuro 25%.

11. Guarde su presentación.

ALTO: *No cierre su presentación, lo usaremos en el próximo ejercicio.*

Crear un gráfico SmartArt

En ejercicios anteriores, usted ha creado un pequeño gráfico SmartArt desde una lista de viñetas. En esta ocasión, va a crear un SmartArt desde cero agregando sus propios datos.

1. Seleccione la diapositiva 4 y agregue una nueva diapositiva en blanco.
2. En la ficha Insertar, en el grupo Ilustraciones, clic en **SmartArt**.
3. En el cuadro de diálogo **Elegir un gráfico SmartArt**, seleccione la página Lista.
4. Navegue por la galería de gráficos y seleccione **Lista agrupada**.
5. Clic en **Aceptar**.

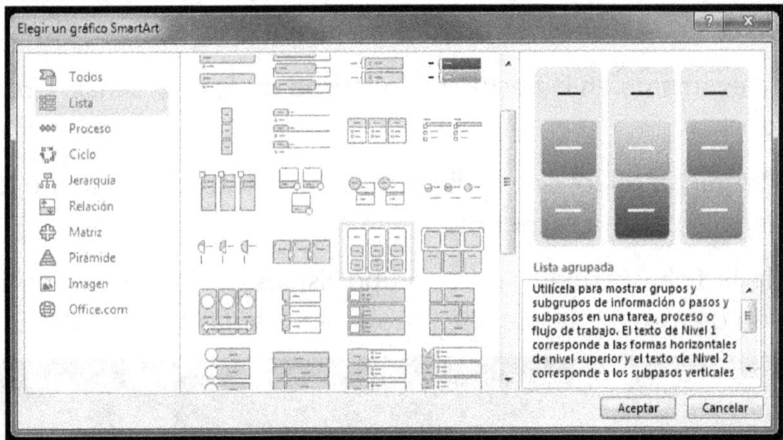

6. En el Panel **Escribir aquí el texto**, en la primera viñeta superior, agregue: `Los que pagan`. Note como va apareciendo el texto dentro del gráfico.

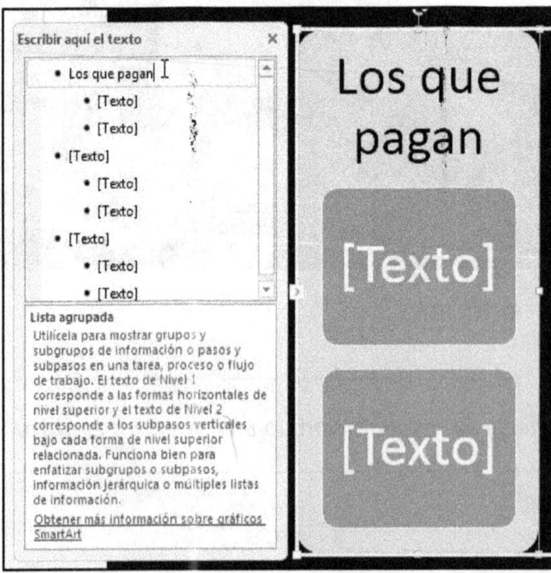

7. Clic en la viñeta inferior [Texto] y escriba: Publicidad en Internet.
8. Clic en la siguiente viñeta inferior [Texto] y escriba: Pago por Clic.
9. Al terminar de escribir, pulse Enter. Se agrega una nueva viñeta.
10. Escriba Publicidad móvil.
11. Agregue dos viñetas más con los textos Anunciantes y Aplicaciones de pago.

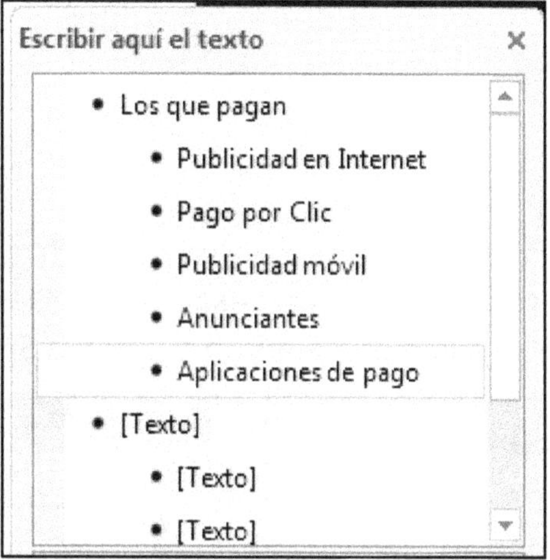

12. Clic en la siguiente viñeta superior [Texto] y escriba: Los que ganan.
13. Complete los textos como lo muestra la siguiente figura.

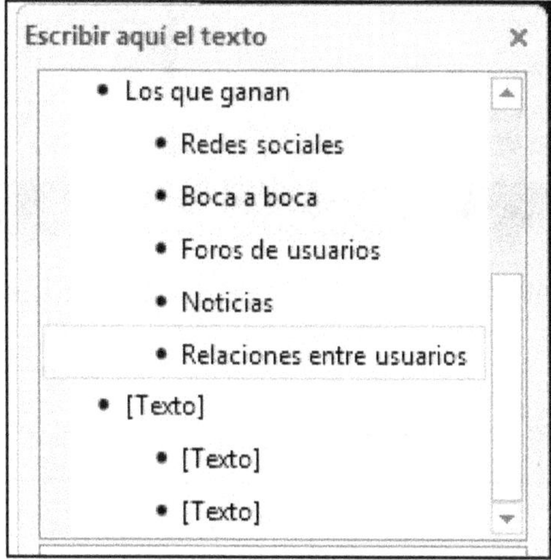

14. Continúe agregando más contenido hacia abajo.

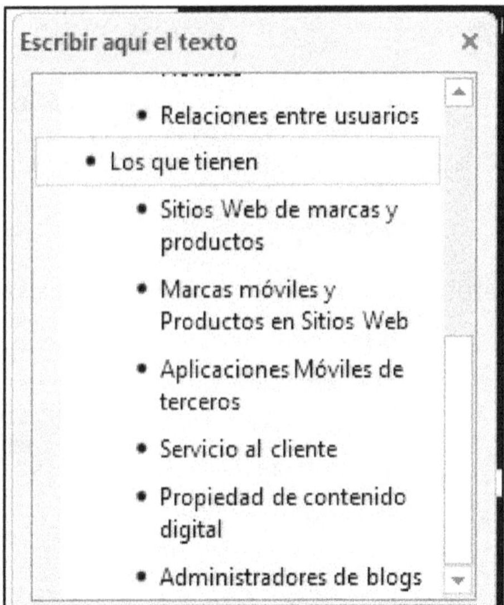

15. Cierre el panel **Escribir texto aquí** desde la X en la esquina superior derecha. Ahora su diapositiva debe contener un diagrama SmartArt.

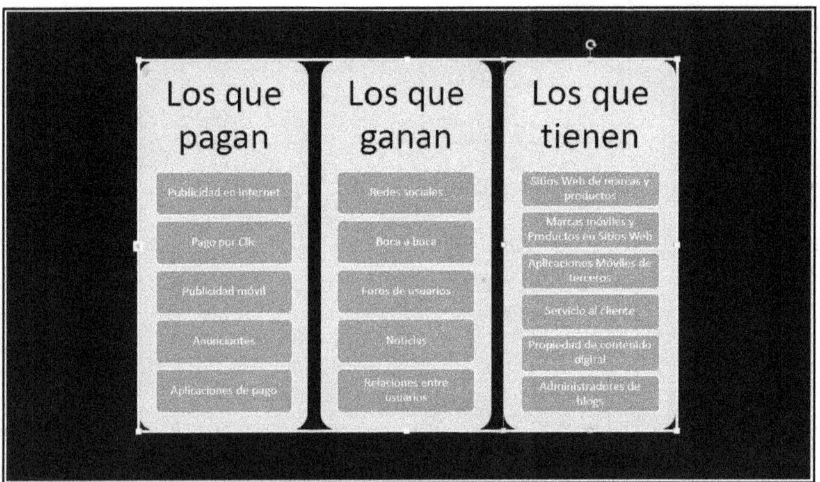

16. Guarde su presentación con el nombre Mi Social Media.

ALTO: *No cierre su presentación, lo usaremos en el próximo ejercicio.*

Cambiar el estilo y el color del diagrama

En la diapositiva 12 existe otro gráfico SmartArt que necesita ser personalizado. Un gráfico de este tipo cuenta con diversos estilos y colores que de seguro le gustarán.

1. Seleccione la diapositiva 12.

2. Clic en una parte del gráfico SmartArt. Observe que aparecen dos nuevas fichas contextuales, Diseño y Formato.
3. En la ficha Diseño, en el grupo **Estilos SmartArt,** clic en el botón Más.

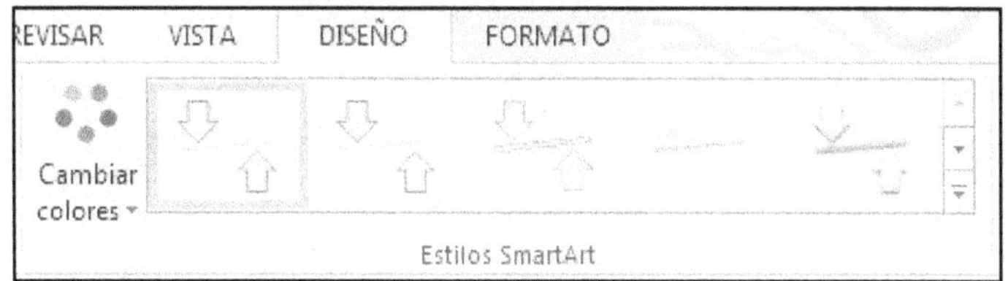

4. En la galería de estilos, seleccione **Escena de atardecer**.

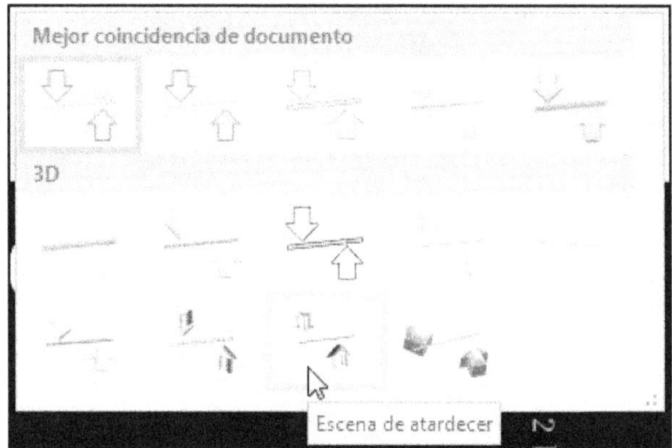

5. Una vez que el gráfico ha cambiado, clic en **Cambiar colores**.
6. En la galería de colores, en la sección **Multicolor**, clic en **Intervalo multicolor – Colores de énfasis 4 a 5**.

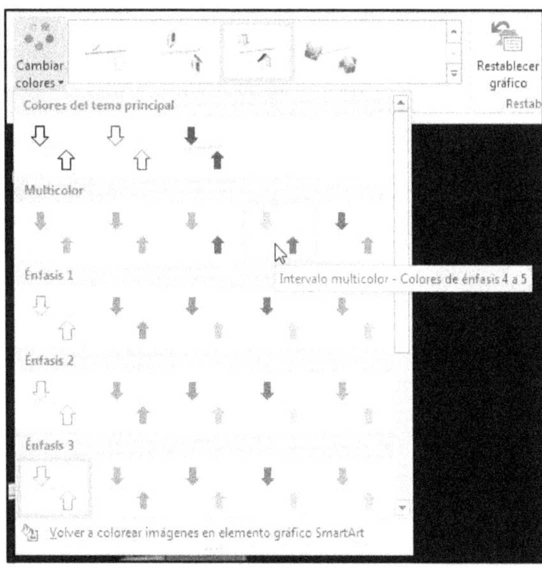

7. A los textos `Web 1.0 (1996)` y `Web 2.0 (1998)` aplique un color **Blanco, Fondo1**.

8. Si es necesario, intente mover los cuadros de texto justo a los lados del gráfico, tal como la siguiente imagen.

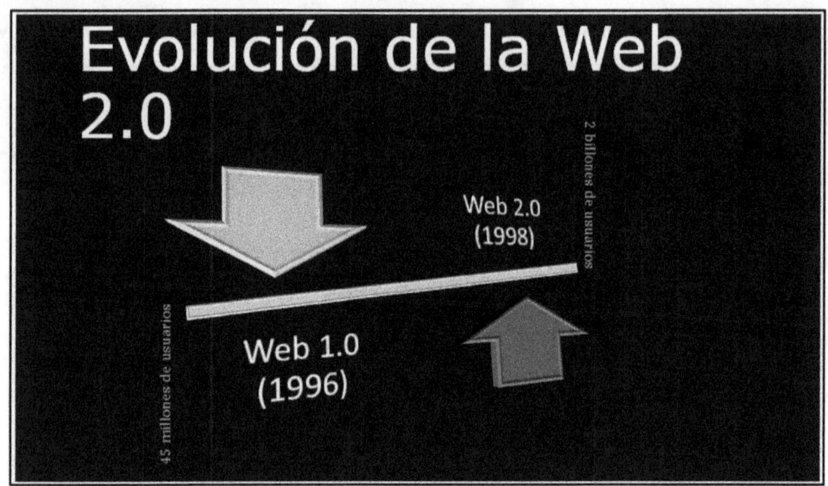

9. Guarde su presentación.

ALTO: *No cierre su presentación, lo usaremos en el próximo ejercicio.*

Aplicar formato personalizado al gráfico SmartArt

El cambio que le hizo al gráfico SmartArt fue un estilo. Los estilos son una serie de formatos ya prestablecidos. Si necesita darle un toque personal a su gráfico, aún puede hacerlo aplicando colores de relleno, contornos y más.

1. Seleccione la diapositiva 5.
2. En el gráfico SmartArt, clic en la forma de la primera sección.
3. En la ficha Formato, en el grupo Estilos de forma, clic en la flecha Relleno de forma y seleccione Sin relleno.
4. Clic en Contorno de forma y seleccione el color **Blanco, Fondo1**.
5. Nuevamente, clic en Contorno de forma, ahora seleccione Grosor y clic en **1 ½ pto**.

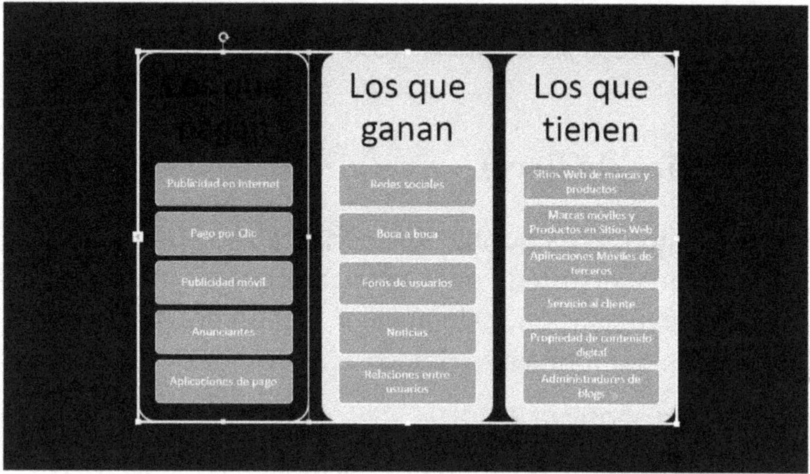

6. Aplique el mismo formato a las formas de las otras secciones.
7. Clic en la forma `Publicidad en Internet` y, pulsando la tecla **`Ctrl`**, clic en todas las demás formas de esa sección.

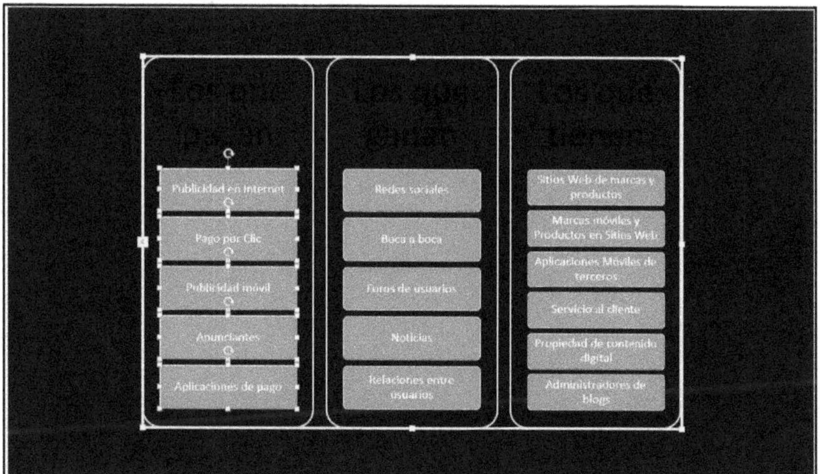

8. En Formato | Estilos de forma, clic en el botón **Más** de la galería.

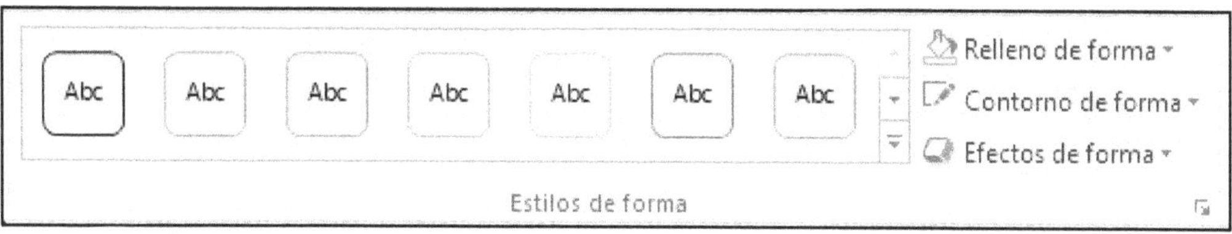

9. Clic en Efecto sutil, Verde énfasis 6.
10. Aplique el mismo formato a todas las demás formas de las otras secciones.
11. Seleccione el texto `Los que pagan` y aplique el color **Anaranjado, énfasis 2, oscuro 25%**. Aplique lo mismo a los demás textos en las otras secciones.
12. Guarde su presentación.

ALTO: *No cierre su presentación, lo usaremos en el próximo ejercicio.*

Insertar un gráfico de Excel

Si ha usado Excel, entonces es posible que conozca sobre el poder de los gráficos estadísticos. En PowerPoint, usted puede usar gráficos de este tipo para representar una tendencia, una comparación o algún valor. Al hacerlo, usará una hoja de Excel para llenar los datos y dar forma a su gráfico.

1. Seleccione la diapositiva 7.
2. En la ficha **Insertar**, en el grupo **Ilustraciones**, clic en **Gráfico**.
3. En el cuadro de diálogo Insertar gráfico, clic en la página Línea.
4. De los tipos de gráficos de líneas, seleccione el que diga **Líneas** y clic en **Aceptar**.

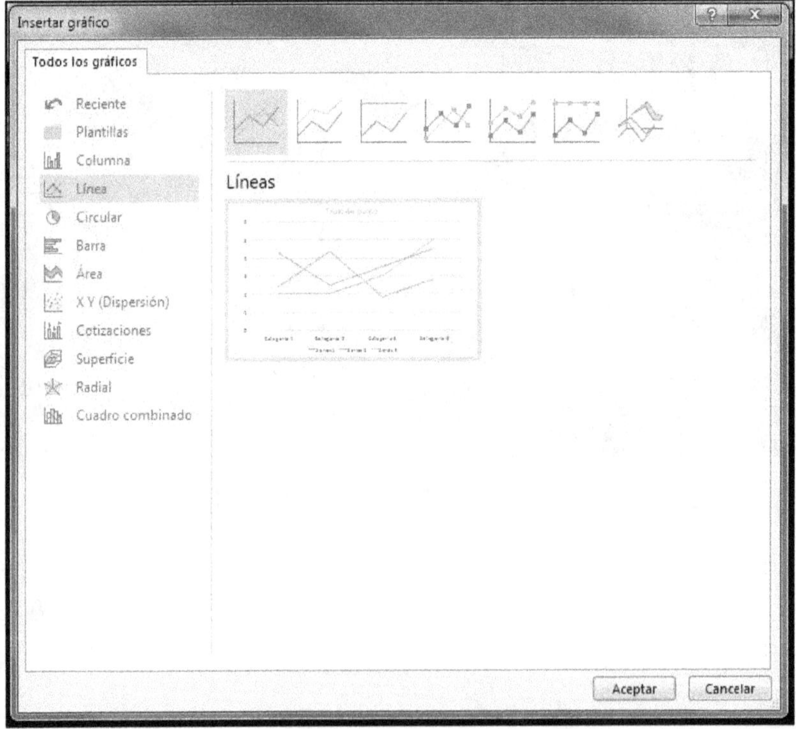

5. Una vez insertado el gráfico, se abre una pequeña hoja de Excel. Clic en Categoría 1 y escriba `2006`. Luego pulse **`Enter`** para pasar a la siguiente celda.

Gráfico en Microsoft PowerPoint

	A	B	C	D
1		Serie 1	Serie 2	Serie 3
2	2006	4.3	2.4	2
3	Categoría 2	2.5	4.4	2
4	Categoría 3	3.5	1.8	3
5	Categoría 4	4.5	2.8	5
6				

6. Siga agregando más datos hasta el `2013`.
7. Seleccione la celda B2 y cambie 4.3 por `45000000`.
8. Complete los datos como el siguiente gráfico. No olvide colocar el texto **Facebook** en la celda B1.

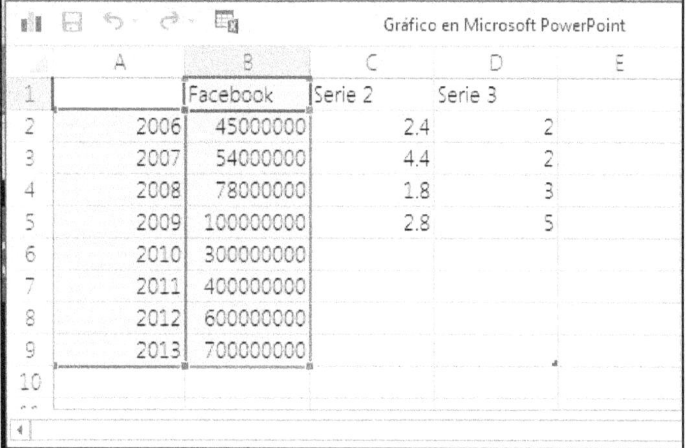

Gráfico en Microsoft PowerPoint

	A	B	C	D
1		Facebook	Serie 2	Serie 3
2	2006	45000000	2.4	2
3	2007	54000000	4.4	2
4	2008	78000000	1.8	3
5	2009	100000000	2.8	5
6	2010	300000000		
7	2011	400000000		
8	2012	600000000		
9	2013	700000000		
10				

9. Como en el gráfico aún se muestran los valores de Serie 2 y Serie 3. Al extremo inferior derecho, clic en el pequeño cuadrado azul y arrastre a la izquierda justo al terminar la columna B.

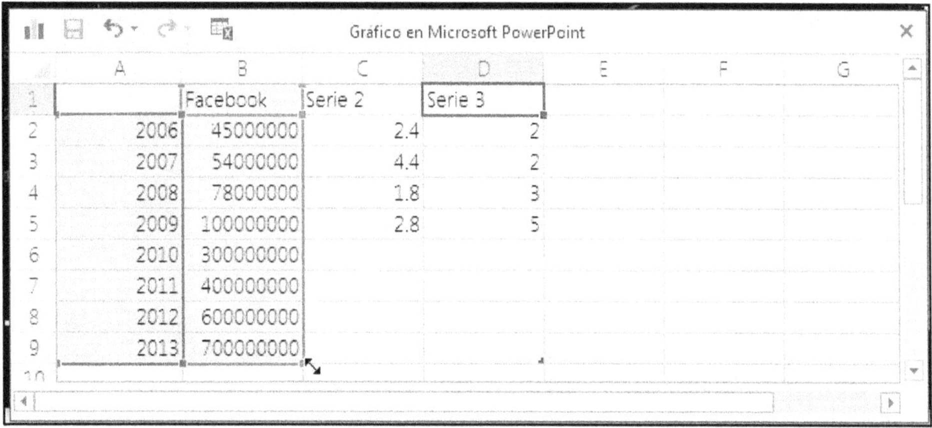

Gráfico en Microsoft PowerPoint

	A	B	C	D
1		Facebook	Serie 2	Serie 3
2	2006	45000000	2.4	2
3	2007	54000000	4.4	2
4	2008	78000000	1.8	3
5	2009	100000000	2.8	5
6	2010	300000000		
7	2011	400000000		
8	2012	600000000		
9	2013	700000000		

10. Cierre la ventana de la hoja de Excel. Ahora, podrá ver su gráfico insertado.

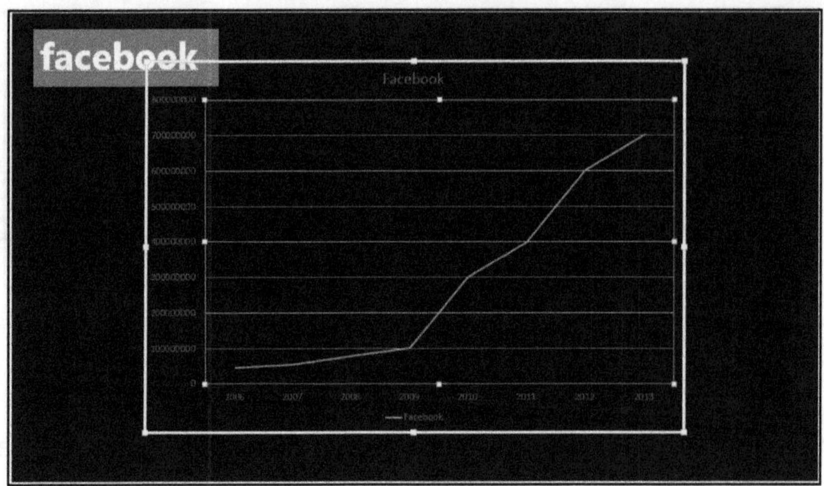

11. Guarde su presentación.

***ALTO:** No cierre su presentación, lo usaremos en el próximo ejercicio.*

Aplicar formato a su gráfico

Aunque su gráfico ya ha sido insertado, aún le falta darle un toque de profesionalismo puesto que a simple vista no se nota. A continuación, vamos a cambiar su color y el cómo los datos se van a mostrar.

1. Con el gráfico seleccionado, clic en la ficha **Diseño** y en el grupo **Estilos de diseño,** clic en **Estilo 5**. Su gráfico ahora resalta más.

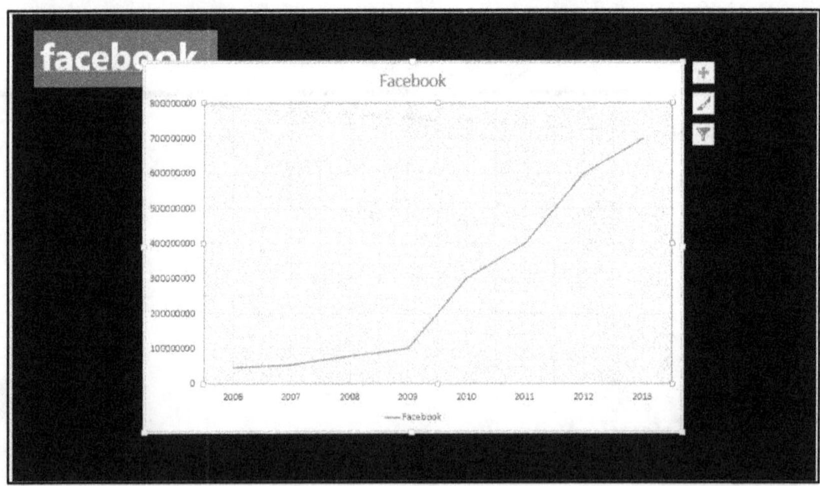

2. Ahora, clic en el borde del área de trazado.

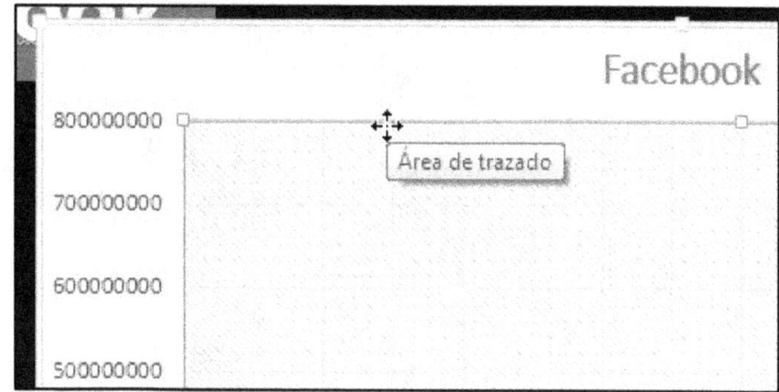

3. Clic en la ficha Formato, y en el grupo Estilos de forma, clic en la flecha Relleno de forma. Luego seleccione el color **Azul grisáceo, Texto 2, claro 60%.**

4. Clic en la línea de serie (el gráfico) para seleccionarlo.

5. Aplique el color azul.

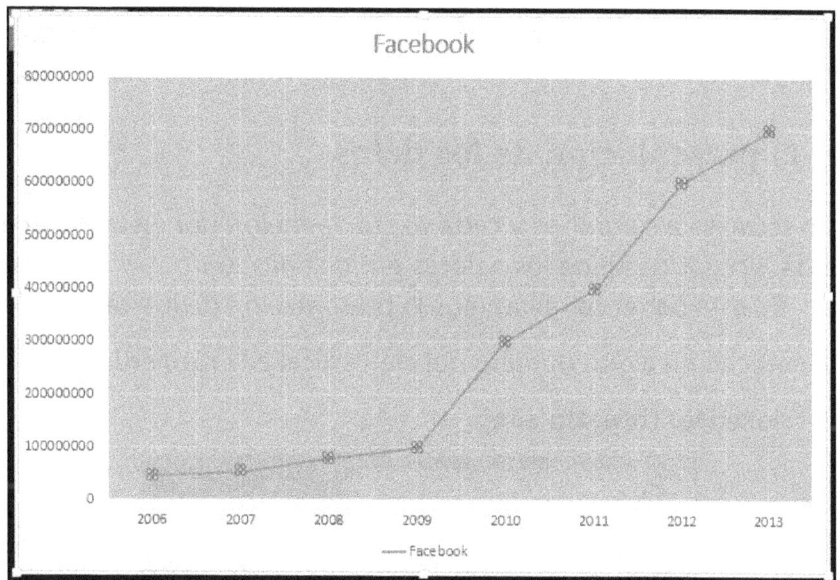

6. Seleccione el título Facebook y aplique un color de relleno Azul y color de texto blanco. También aplique el tipo de fuente Segoe UI.

7. Clic en el borde del gráfico completo y aplique un color de relleno transparente (Sin relleno).

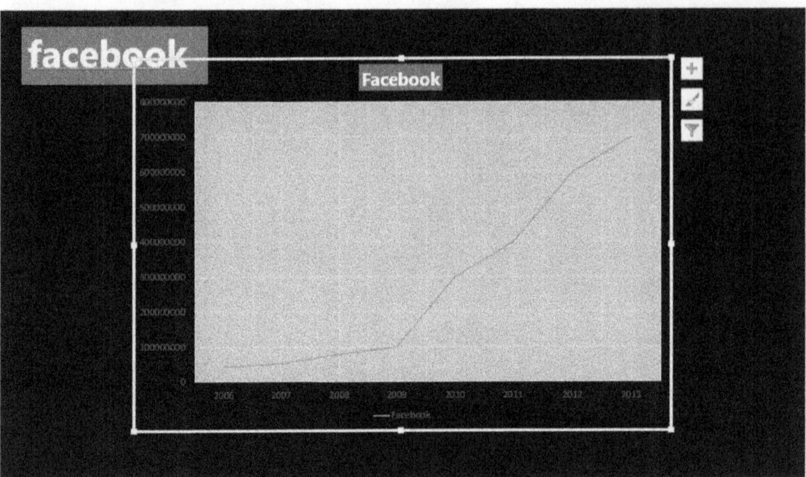

8. Guarde su presentación.

***ALTO:** No cierre su presentación, lo usaremos en el próximo ejercicio.*

Cambiar la presentación de los datos

Ya aplicó un formato a su gráfico y cada vez se ve mejor; por ejemplo, el eje vertical a la izquierda, el cual contiene los valores en millones, quizá no se presenta como quisiéramos. En esta parte, cambiaremos la presentación de los valores del gráfico.

1. Clic derecho en algún número del eje vertical a la izquierda.
2. Seleccione **Dar formato al eje**.

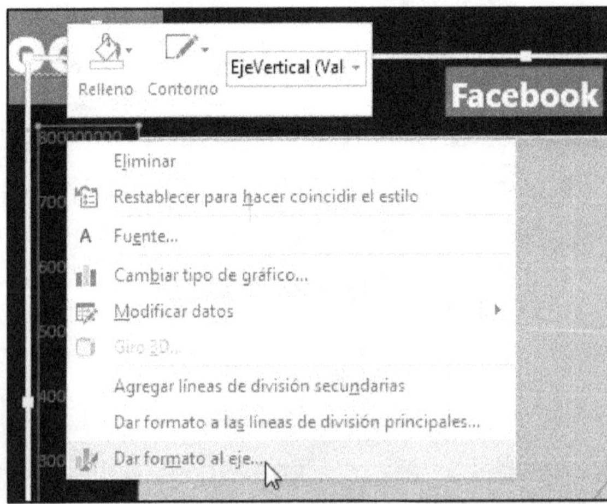

3. En el panel **Dar formato al eje**, en la sección **Opciones del eje**, clic en la flecha de la etiqueta Unidades de visualización.
4. Clic en Millones.

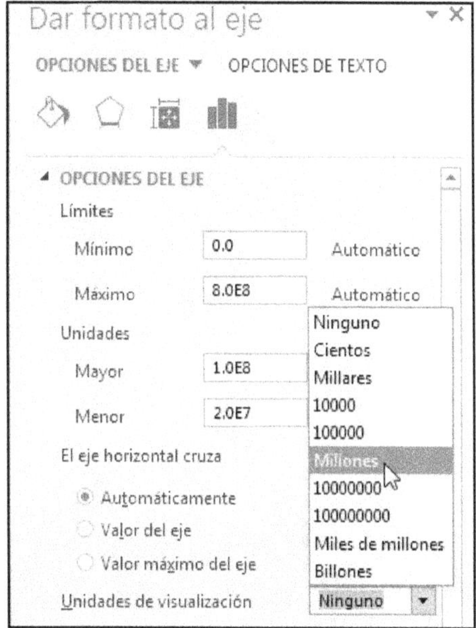

5. Cierre el panel y observe cómo ha cambiado el eje vertical de su gráfico.
6. Con el eje vertical aún seleccionado, cambie el color del texto a **Blanco, Fondo1**.
7. Aplique el mismo color al texto Millones y aumente su tamaño a 16.
8. Aplique el color Blanco, Fondo1 al eje horizontal (el que contiene los años).
9. Al costado del gráfico, clic en el signo más (+).

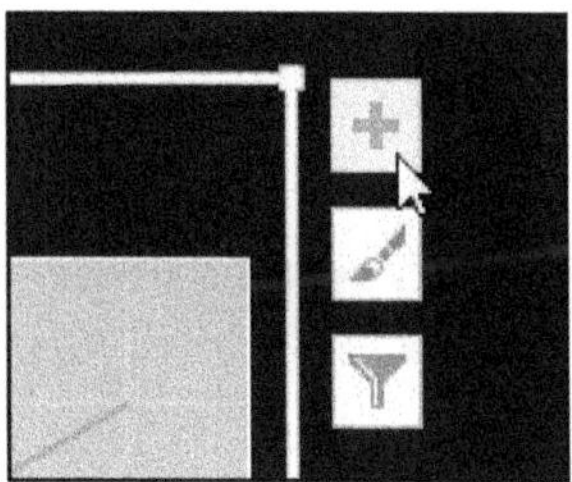

10. De la lista Elementos de gráfico, active **Etiquetas de datos**. Observe como aparecen las etiquetas de los valores en millones para cada año.
11. Seleccione alguno de los valores de la etiqueta de datos y aplique un color de texto blanco, fondo1 y un iluminado anaranjado.

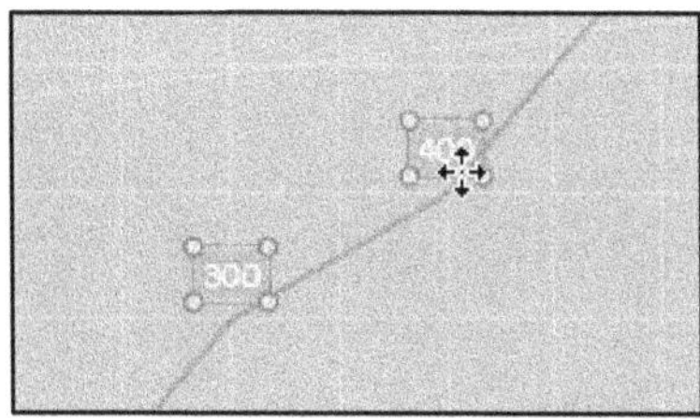

12. Por último, seleccione el borde del gráfico completo y quite el contorno. Su gráfico se debe ver como la siguiente imagen.

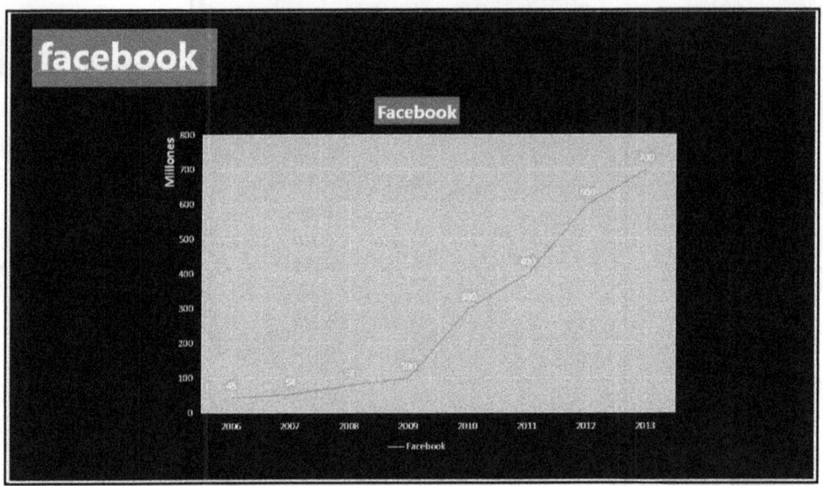

13. Guarde su gráfico y cierre PowerPoint.

Capítulo 6: Dar los Últimos Retoques

En este capítulo usted aprenderá a:

- Agregar notas del orador
- Agregar un audio de presentación
- Agregar un vídeo
- Aplicar animación y transición
- Empaquetar una presentación

Aplicar los Últimos Detalles

Ahora que ya tiene todas sus diapositivas con su respectiva información, diseño y gráficos, es hora de darle los últimos toques. Por ejemplo, necesita aplicar una animación entre una diapositiva a otra, quizá agregar un vídeo explicativo que ayude a complementar el mensaje, o quizá algunas notas especiales para que pueda recordar al momento de su exposición. En este apartado, usted aprenderá a agregar notas del orador, insertar un video, y aplicar animaciones a sus diapositivas.

Agregar notas del orador

Es posible que ya haya practicado para su exposición, pero siempre pueden existir pequeños cabos sueltos que es necesario recordar al momento de su presentación. PowerPoint permite agregar notas especiales a sus diapositivas para que le ayuden a recordar puntos clave de su exposición.

1. Abrir la presentación **Conferencia de Medios Sociales.pptx**. en la C: | PowerPoint – Lab | Guía 06.
2. Seleccione la diapositiva 13.
3. En la barra de estado, clic en Notas.

4. Debajo de la diapositiva se ha activado un área con el nombre **Haga clic para agregar notas**, clic ahí y escriba: `Dar énfasis a la diferencia entre MEDIOS SOCIALES y REDES SOCIALES. Usar el ejemplo de la página www.creceidea.com/diferencias.`
5. Seleccione la diapositiva 10 y agregue la siguiente nota: `Presentar el vídeo http://vimeo.com/63691010 como parte de la relajación del público.`

ALTO: *No cierre su presentación, lo usaremos en el próximo ejercicio.*

Agregar un audio de presentación

Mientras la audiencia va llegando a la sala de la presentación, quizá sea bueno amenizar con un poco de música o una melodía a la primera diapositiva. Se recomienda una música relajante antes de comenzar su presentación si es que va a hablar de un tema motivacional. En este caso, la presentación está hecha para personas de negocios y emprendedores, por lo tanto, quizá necesite una música un poco más llamativa.

Si usa una música en formato MP3 será mucho mejor ya que este tipo de archivos es menos pesado.

Para los siguientes ejercicios, utilice un audífono o parlantes.

---

1. Seleccione su primera diapositiva.
2. En la ficha Insertar, en el grupo Multimedia, clic en Audio.
3. Clic en Audio en Mi PC.
4. Navegue hasta C: | PowerPoint – Lab | Guía 06 y seleccione el archivo **Prodigy.mp3**. Luego clic en Insertar.
5. Intente mover el objeto de audio que acaba de aparecer un poco más abajo, solo para tener más comodidad.

6. Con el objeto de audio aún seleccionado, clic en la ficha Reproducción, y en el grupo Opciones de audio, active la opción **Ocultar durante presentación**.
7. En ese mismo grupo, clic a la flecha de **Al hacer clic** y cambie por **Automáticamente**.

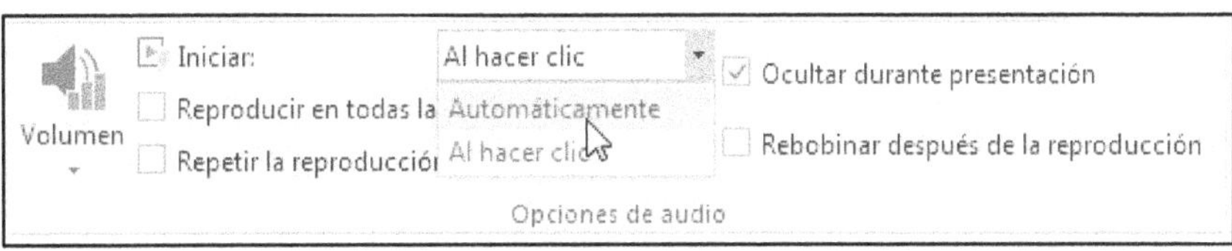

8. Para darle un vistazo a su presentación, pulse F5 y escuche la música. Observe también que el objeto de audio está oculto en plena presentación.
9. Después de darle un vistazo y escuchar la música, pulse Esc y guarde su presentación con el nombre Mi Conferencia Medios Sociales.

ALTO: *No cierre su presentación, lo usaremos en el próximo ejercicio.*

Agregar un vídeo

Ya ha insertado un audio al inicio de la diapositiva y todo está quedando perfecto. Ahora, necesita agregar un vídeo para complementar su información. Aunque puede usar un vídeo almacenado en su disco duro, también puede usar un vídeo desde su cuenta de Facebook, solo necesita estar conectado a Internet. En este apartado, insertaremos un vídeo desde su PC.

1. Seleccione la diapositiva 7 e inserte una nueva diapositiva en blanco.
2. Clic en la ficha Insertar y en el grupo Multimedia, clic en Vídeo.
3. Seleccione Vídeo en Mi PC.
4. Navegue hasta C: | PowerPoint – Lab | Guía 06 e inserte el archivo **Facebook spot.wmv**. Como puede ver, el vídeo se inserta cubriendo toda la diapositiva.
5. Al igual que cualquier objeto o forma, puede ajustar su tamaño en la diapositiva. Luego, clic en el botón reproducir para darle un vistazo a su vídeo.

6. Puedes pausar el vídeo y luego guardar su presentación.

ALTO: *No cierre su presentación, lo usaremos en el próximo ejercicio.*

Ocultar una diapositiva

Cuando cree que una diapositiva no es necesario para su exposición, usted puede ocultarlo. Ocultar una diapositiva solo permite que esta no se vea en plena exposición, pero seguirá ahí, en su archivo.

1. Seleccione la diapositiva 2.
2. Clic en la ficha **Presentación con diapositivas**, y en el grupo **Configurar**, clic en **Ocultar diapositiva**.

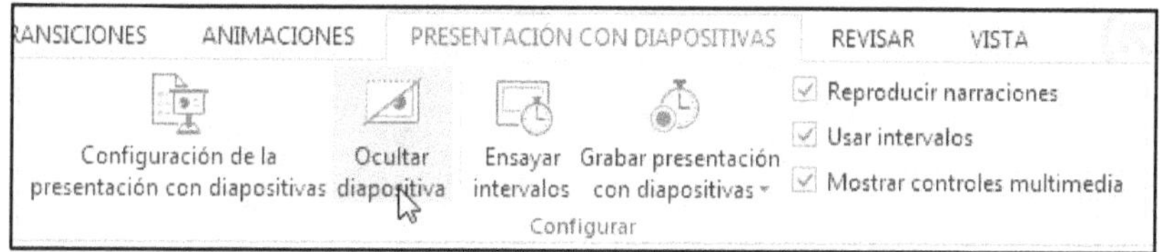

3. Ahora vea su panel Diapositivas, la diapositiva 2 está con un color opaco. Oculte también la diapositiva 9.

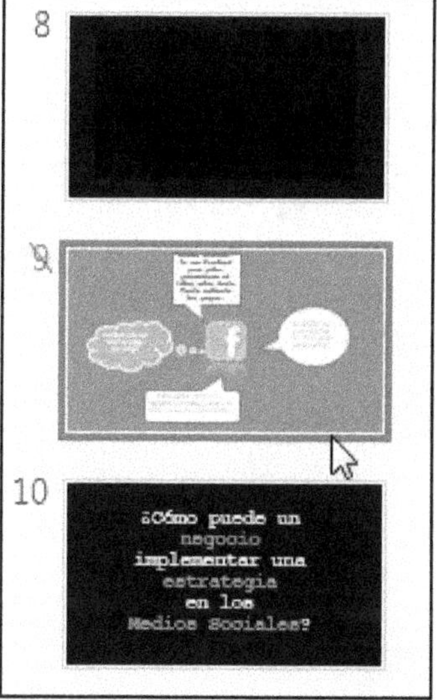

ALTO: *No cierre su presentación, lo usaremos en el próximo ejercicio.*

Agregar una transición

Cuando llegue a una determinada diapositiva en su exposición, puede cautivar al público con una animación. Esta animación que se le da a una diapositiva se le llama transición, y PowerPoint, cuenta con varios de ellos.

1. Seleccione la diapositiva 3.

2. Clic en la ficha **Transición**, en el grupo Transición a esta diapositiva, clic en el botón Más.

3. En la sección **Llamativo**, clic en **Ondulación**.

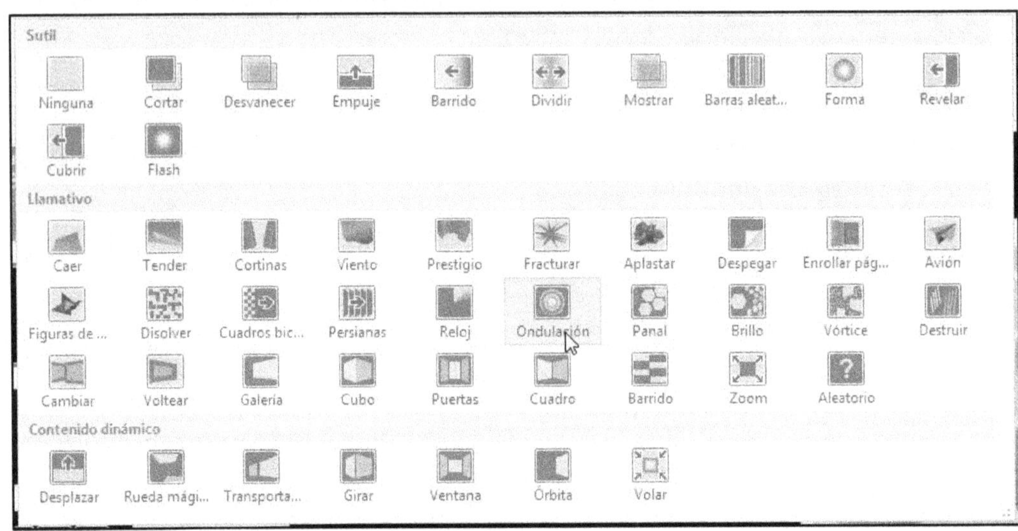

4. Para darle un toque personalizado, en el mismo grupo, clic en Opciones de efecto y clic en **Desde la derecha y abajo**.

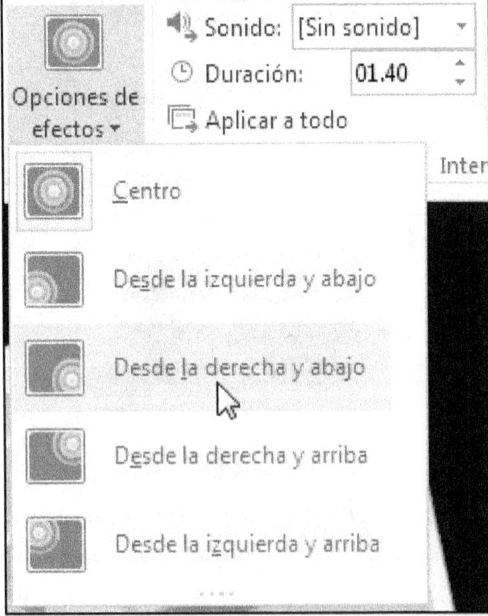

5. Seleccione la diapositiva 6 y aplique la transición *Vórtice*.

6. Para volver a ver la animación, en el grupo Vista previa, clic en Vista previa.

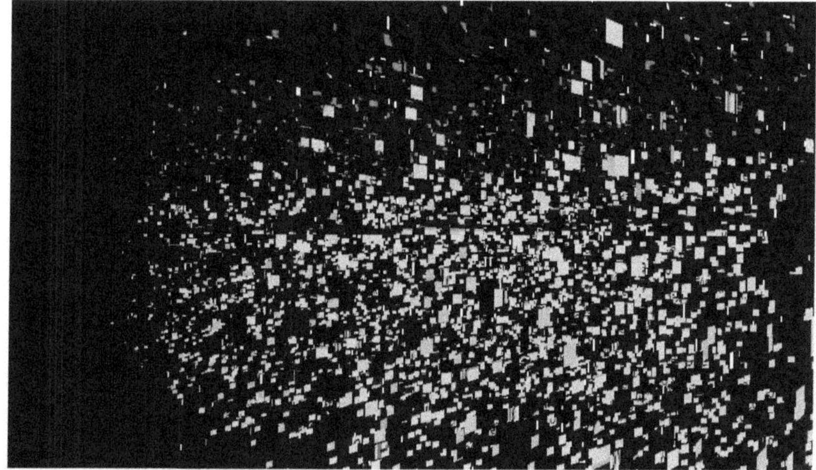

7. Seleccione la diapositiva 7 y aplique la transición **Cuadros bicolores**.

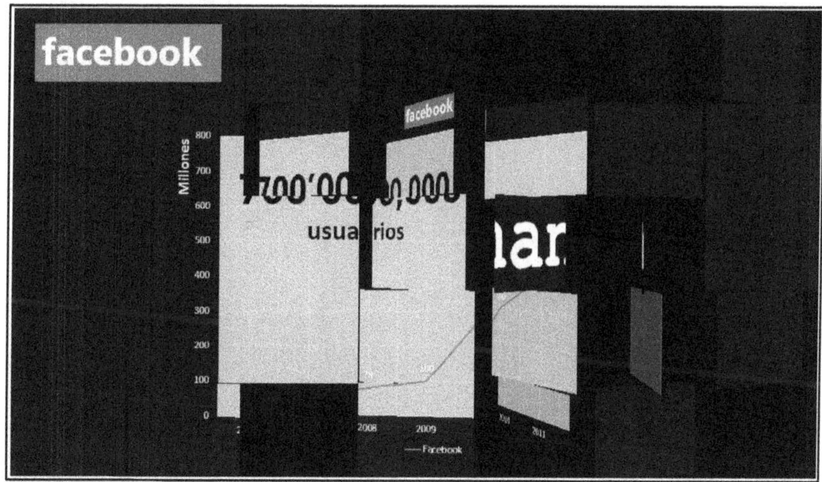

ALTO: *No cierre su presentación, lo usaremos en el próximo ejercicio.*

Aplicar animación a los textos

Así como una transición le da un toque interactividad a la presentación, una animación de texto podría ser igual de beneficioso, pero siempre aplicando esto con mucho cuidado, para no abrumar a la audiencia.

1. Seleccione la diapositiva 4.
2. Active su cuadro de texto y, en la ficha Animaciones, en el grupo Animación, clic en el botón Más de la galería.
3. En la sección Entrada, clic en Barrido.

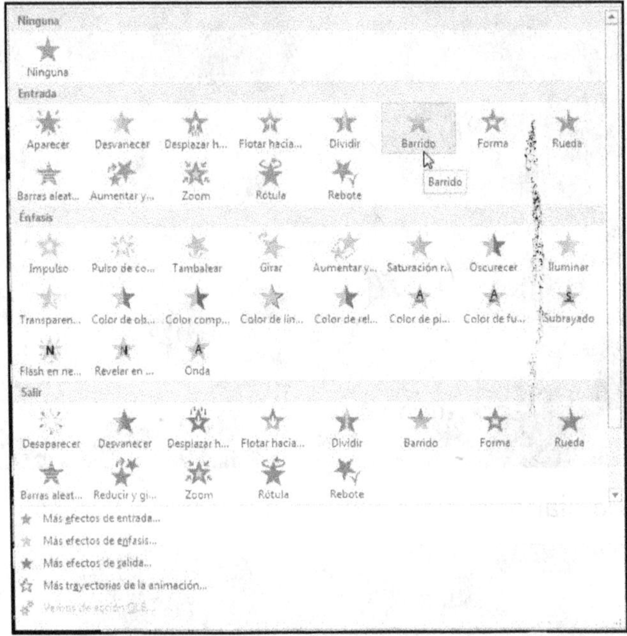

4. Clic en **Opciones de efectos** y seleccione **Desde la izquierda**.

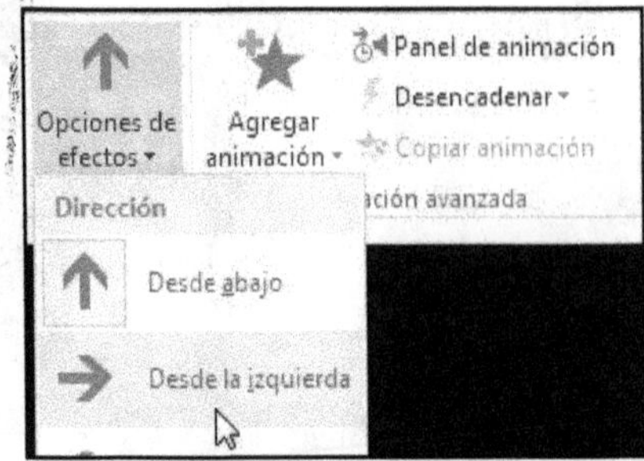

5. En el grupo Animación avanzada, clic en **Panel de animación**.
6. En el panel de animación, clic en la flecha del objeto y seleccione **Intervalos**.

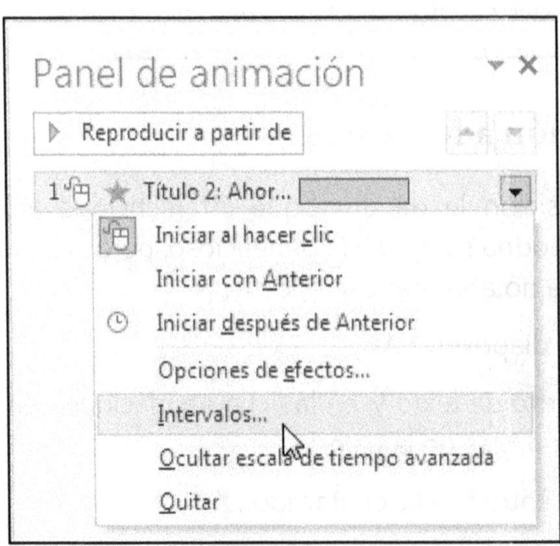

7. En el cuadro de diálogo Barrido, en Duración, active 3 segundos (lento), y clic en Aceptar.

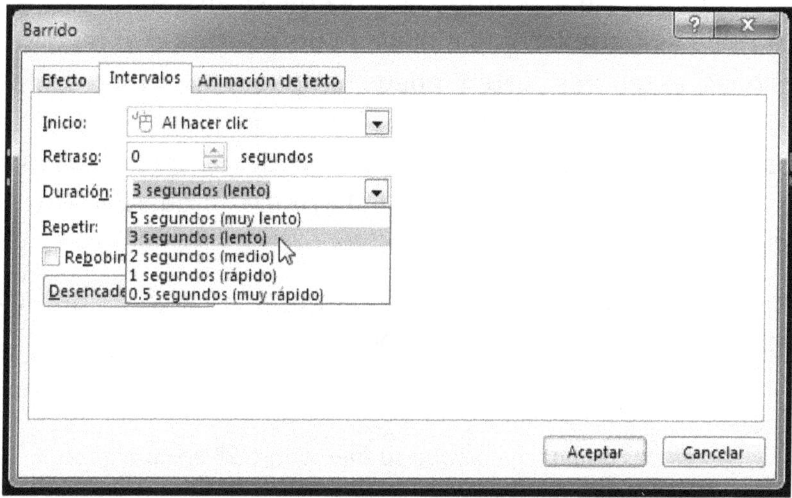

8. Para ver la animación y el cambio aplicado, clic a **Vista previa** dentro de la ficha Animaciones.

9. Seleccione la diapositiva 5.
10. Seleccione el diagrama SmartArt y en la ficha Animaciones, en el grupo Animación, aplique Rueda.
11. Clic en **Opciones de efectos** y seleccione **Al mismo tiempo por nivel**.
12. Pulse F5 y vea toda su presentación. Al terminar, guarde su presentación.

ALTO: *No cierre PowerPoint, lo usaremos en el próximo ejercicio.*

Empaquetar su presentación

Ahora que está listo para su exposición, es hora de llevarse su presentación y usarlo en otro lugar. Para evitar la incompatibilidad con equipos que tengan PowerPoint 2010 o versiones anteriores, usted puede empaquetar su presentación en un dispositivo de almacenamiento, como un CD o una memoria USB. En versiones anteriores, había el problema que un vídeo o un audio no podían ser incrustados en la diapositiva, por lo tanto, empaquetar a CD ayudaba a guardar esos archivos por si es necesario.

En esta versión, todo video o audio se incrusta en el archivo de PowerPoint. A continuación, va a empaquetar su presentación hacia un USB.

Antes de comenzar, coloque su memoria USB en su equipo.

---

1. Clic en la ficha Archivo y clic en **Exportar**.
2. Clic en **Empaquetar presentación a CD** y clic en **Empaquetar para CD-ROM**.

3. En el cuadro de diálogo Empaquetar para CD-ROM, en el campo Dar nombre al CD escriba: `MediosSociales`.
4. Verifique que se encuentre **Mi Conferencia Medios Sociales.pptx**.

5. Clic en el botón **Copiar a la carpeta**.
6. En el cuadro de diálogo **Copiar a la carpeta**, clic en **Examinar**.

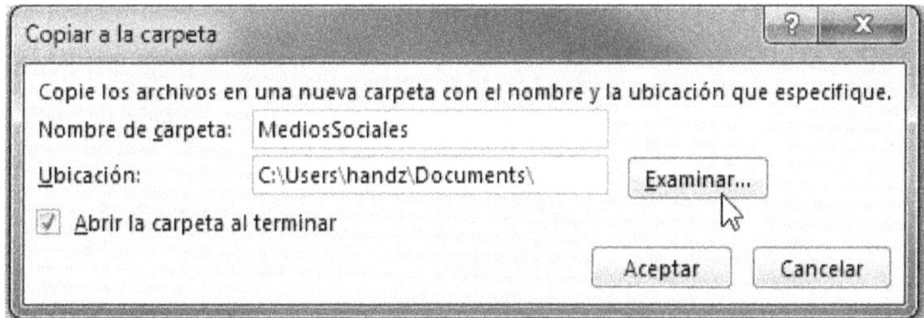

7. Navegue hasta su memoria USB y clic en Seleccionar.
8. Verifique que esté activo **Abrir la carpeta al terminar** y luego clic en **Aceptar**.
9. Si aparece un mensaje, clic en Sí.
10. Como puede ver, se abre la ventana de la carpeta que contiene todos los archivos necesarios de PowerPoint. Una vez terminado cierre la ventana y clic en Cerrar del cuadro de diálogo Empaquetar para CD-ROM.

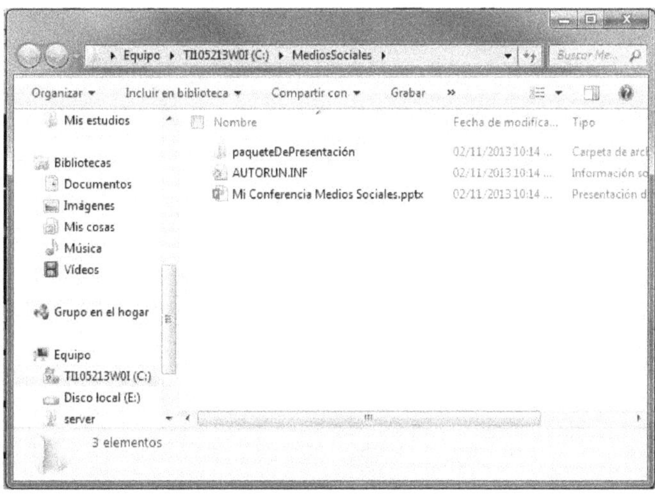

11. Guarde su presentación si es necesario y cierre PowerPoint. Ahora, puede ir tranquilo a dar su exposición.

Capítulo 7: Empezando a Trabajar con Prezi

En este capítulo usted aprenderá a:

- Conocer Prezi
- Reproducir un Prezi
- Registrarse en Prezi

¿Cómo funciona Prezi?

Ahora que usted ya conoce como funciona PowerPoint, y como sacarles provecho a sus diversas herramientas, es hora de conocer otra forma de hacer una presentación. ¿Existe eso? Pues sí, con las diapositivas hechas en PowerPoint, por lo general queremos mostrar información sobre algún tema en especial, y rellenamos esas pequeñas viñetas con todo el texto que sea posible, y por qué no, algunas imágenes.

Ahora, intente imaginar cómo sería una presentación sin usar las ya famosas diapositivas. Estoy seguro que posiblemente aún no se le haya ocurrido nada, y es lógico, aún estamos acostumbrados al método de siempre. Si no ha usado Prezi, lo más seguro es que se esté rompiendo la cabeza pensando en cómo crear una presentación sin las diapositivas usadas en PowerPoint. Prezi es una nueva forma de hacer presentaciones dinámicas, sobre todo llamativas, así que desde ahora le digo, intente olvidar a PowerPoint mientras lee esta sección del libro.

Para hacerse una idea de cómo funciona Prezi, les puedo decir que esta forma de presentación es como una narración interactiva. En lugar de mostrar los clásicos pantallazos de diapositivas, Prezi le va contando, con animaciones muy entretenidas, como va funcionando la historia de su presentación. Sí, desde ya, hágase la idea de que usted debe contar una historia más que una simple presentación con texto e imágenes.

Ingresar a Prezi

Bien, Prezi no es como cualquier otro software de presentación, este trabaja directamente desde Internet, así que, para usar sus herramientas, primero deberá entrar al sitio web. Para hacerlo, siga estos pasos:

1. Ingrese a su navegador web: Chrome, Internet Explorer, Safari o Mozilla.
2. En la barra de direcciones del navegador escriba: `www.prezi.com`.
3. Pulse Enter. Ahora, acaba de ingresar al sitio web de Prezi.

Puede usar Prezi de modo gratuito, pero también existe su propia licencia para los que quieran tener opciones especiales, como usar Prezi en su escritorio (instalarlo en su equipo), o usar presentaciones privadas o con su propio logo.

Explorar las presentaciones hechas en Prezi

Para saber cómo trabaja Prezi y darse una idea de cómo iniciar su primera presentación, lo mejor es dar un vistazo al trabajo de otros usuarios. Al ingresar al sitio web de Prezi y haciendo clic en el menú Galería, encontrarás los Prezis más populares, tal como lo muestra la siguiente imagen.

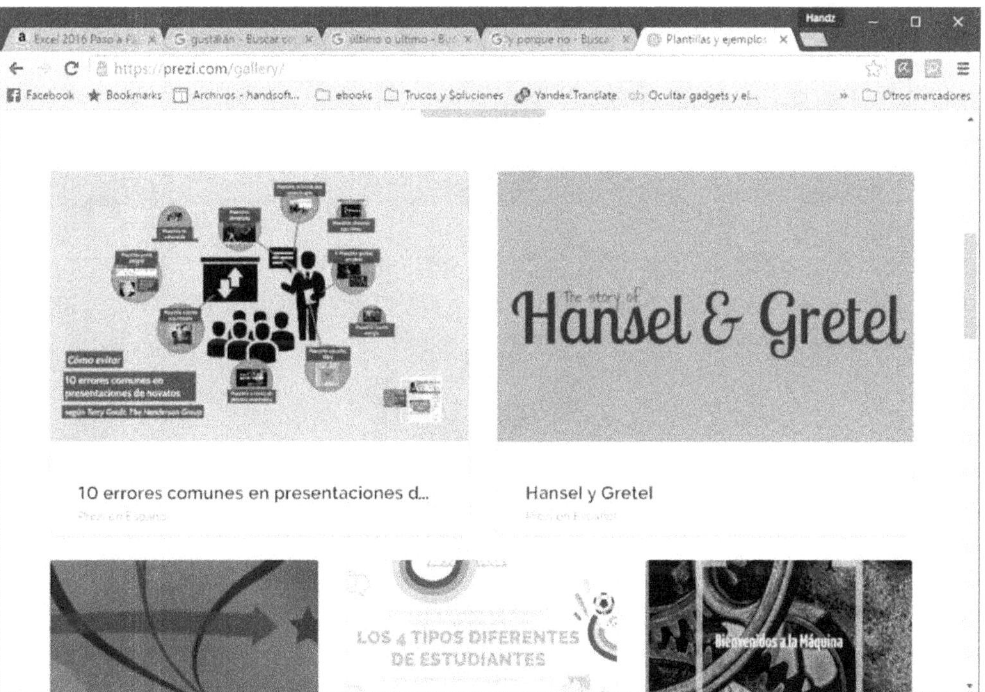

Reproducir una presentación Prezi

Ya que hemos entrado a explorar los prezis de otros usuarios, vamos a darle un vistazo de cómo funcionan este tipo de presentaciones. Dentro del menú Galería se encuentran varias categorías: **Popular, Consejos y buenas prácticas, Consejos para presentadores, Ventas, HR, Educación y Plantillas**.

Dentro de Popular se encuentran los prezis con más éxito durante los últimos 15 días, y al señalar los prezis, aparecerá un botón para empezar a ver el contenido del prezi.

Para dar un vistazo a una presentación en Prezi, siga estos pasos:

1. Dentro de los más populares, clic en cualquier otra presentación en Prezi para darle un vistazo. Yo usaré la presentación **Elevator Pitch,** usted puede usar la que crea conveniente.
2. Clic en Start Prezi. Una vez cargado la presentación en el navegador web, se muestra un reproductor especial. Podemos usar las flechas izquierda y derecha para ir pasando por el lienzo de la presentación.

3. Para darle un vistazo automático a la presentación, clic en el comando ***Autoplay*** y seleccione, por ejemplo, **4 sec**.

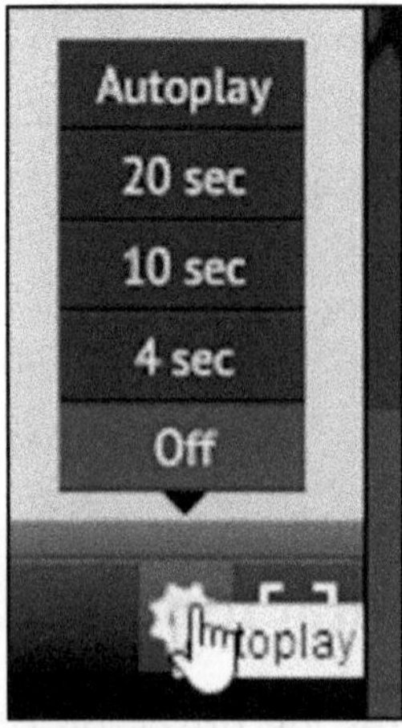

4. Ahora, disfrute de la presentación en Prezi. Estoy seguro que, si tiene la mente abierta, podrá imaginarse como realizar su próxima presentación.

Bien, ya tiene una idea de cómo empezar una presentación en Prezi, pero antes de salir corriendo a armar su nueva presentación en papel, termine de leer este capítulo para que pueda aprender a como registrarse, luego, Prezi será todo suyo.

Registrarse en Prezi

Bien, Prezi es una herramienta gratuita para todo aquel que desee hacer presentaciones. Al ser gratuita, usted tendrá que aceptar ciertas cosas, por ejemplo, todo Prezi que usted vaya a crear, será de dominio público; es decir, cualquiera podrá ver su presentación. Y claro, todo Prezi será almacenado en los servidores de la empresa y tendrá un máximo de 100MB de espacio para almacenar sus presentaciones.

Si desea tener más ventajas, puede hacerlo adquiriendo una licencia de 4.92 dólares al mes que ofrece la posibilidad de proteger sus presentaciones, usar su propio logo y hasta 500MB de espacio. O también el modo profesional de 13.25 dólares al mes dónde la novedad es que pueda instalar Prezi en su propio equipo y hasta 2GB de espacio. Es posible que estos precios y condiciones puedan variar cada cierto tiempo.

Para registrarse siga estos pasos:

1. Ingrese a Prezi.com.
2. Clic en el botón **Comienza**.
3. Vea los planes que Prezi tiene para usted, si ya decidió por alguno, clic en os botones de prueba gratuita. En mi caso, sacaré provecho a lo gratuito, clic en Continuar gratis.

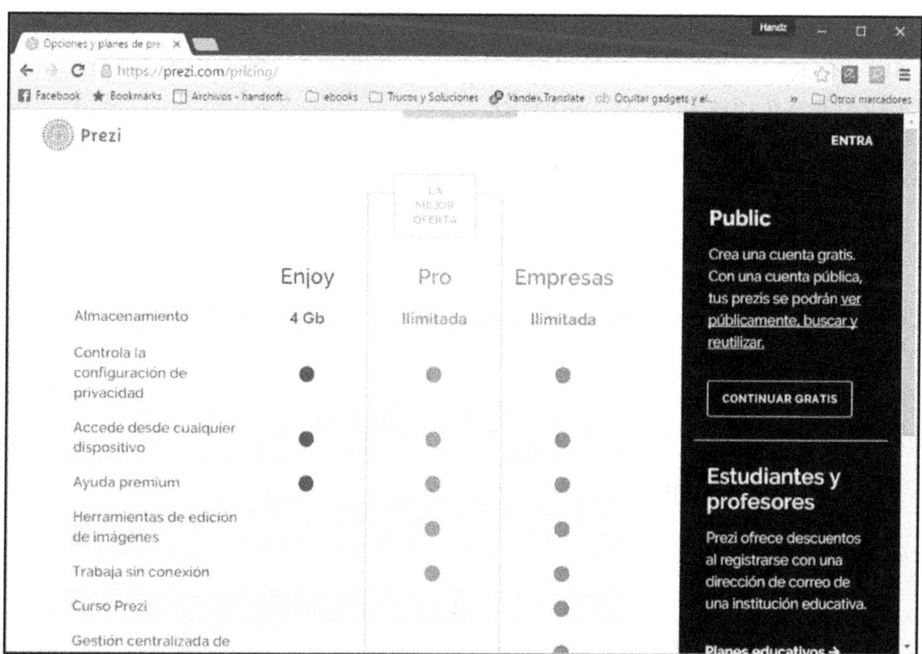

4. Ahora deberá rellenar los campos del formulario para registrarse.
    - **Nombre** Agregue su nombre real.
    - **Apellidos:** Agregue su primer apellido o ambos.
    - **Correo:** Agregue su correo electrónico que más utiliza.
    - **Contraseña:** Agregue una contraseña nueva para su cuenta de Prezi.
    - **¿Qué haces?:** Elija de la lista la opción que más se ajuste a tus necesidades.

5. Más abajo aparecerá la casilla Seleccione una: Aquí debes elegir la subcategoría de tu registro. Por ejemplo, si elegiste Negocios, debes seleccionar qué tipo de negocio.
6. Clic en Crear una cuenta Public gratuita.
7. Como paso final, Prezi le da la bienvenida y deberá hacer clic en el botón Comienza.

A partir de aquí, Prezi intentará enseñarte los conceptos básicos para que sepas cómo usar las presentaciones, y qué alternativas tienes para lo que quieres hacer. Sigue el minitutorial, no demorará más que un minuto, y ya estarás listo para crear tus prezis.

8. Terminado el minitutorial, clic en **Empieza a crear**.

Instalar Prezi de escritorio

La versión de escritorio ayuda a que pueda ver y editar sus presentaciones en Prezi de una forma, quizá más rápida. Si quiere hacer la prueba usando este software, a continuación, aprenderá a instalarlo.

1. Ingrese a Prezi.com e inicie sesión.
2. En la sección *Descarga prezi para Windows*, clic en el enlace Descarga.
3. Una vez descargado el programa, doble clic sobre él para empezar el proceso de instalación.
4. En la primera ventana seleccione el idioma con el que desea instalar el programa y clic en **Aceptar**.

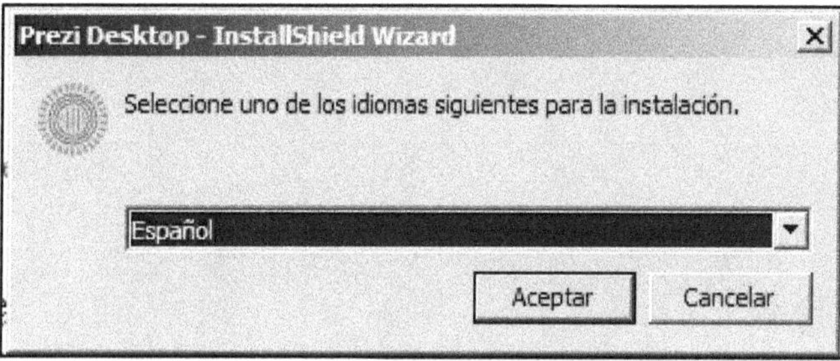

5. Espere a que se prepare el asistente de instalación.
6. Una vez cargado, aparecerá una ventana que le dará la bienvenida a Prezi. Clic en Siguiente.
7. En esta ventana, seleccione la opción **Acepto los términos del contrato de licencia** y clic en **Instalar**. Ahora espere a que comience la instalación.

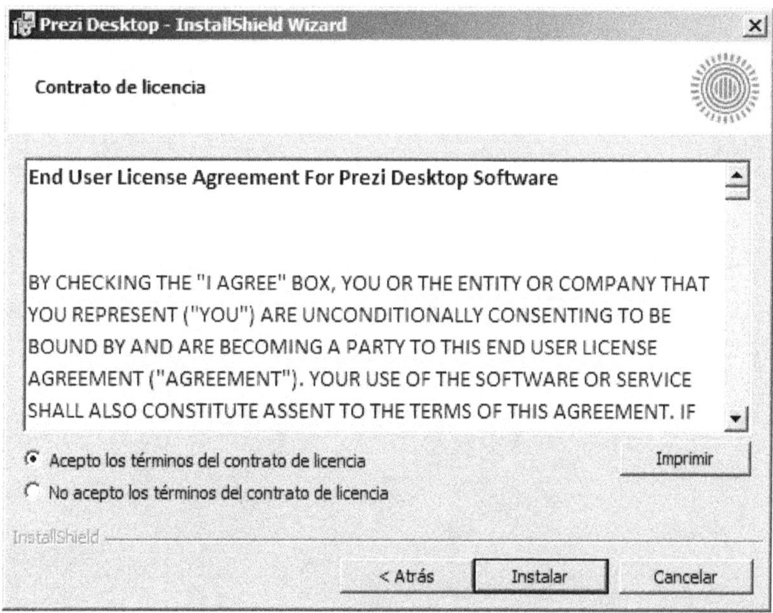

8. Al concluir la instalación, clic en Finalizar.

Iniciar sesión con su cuenta de Facebook

Si cree que el proceso de registro es muy tedioso o simplemente no quiere crear una cuenta más a su larga lista de cuentas creadas en la web, entonces, use Facebook. Puedes usar tu cuenta de Facebook para iniciar sesión en Prezi y automáticamente crear sus presentaciones. Para hacerlo, siga estos pasos:

1. Ingrese a `www.prezi.com`.
2. En la página principal, clic en el enlace Entra.
3. Clic en Entrar con Facebook.

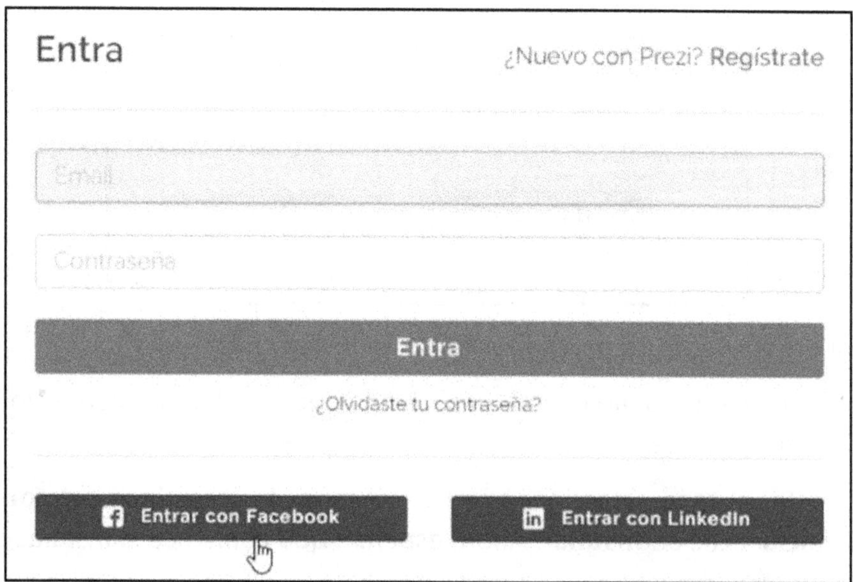

4. Si es necesario, agregue su correo de usuario y contraseña de Facebook e inicie sesión.

Capítulo 8: Empezar a Crear su Prezi

En este capítulo usted aprenderá a:

- Conocer la interfaz de Prezi
- Agregar contenido a su presentación
- Editar su presentación
- Insertar imágenes y símbolos

Empezar a crear su primer Prezi

Vamos a empezar a crear el primer Prezi. Cuando comienza a crear su primera presentación en Prezi, el programa te dará la opción de elegir varias plantillas predefinidas, aunque también puedes subir tu propia plantilla personalizada. A continuación, aprenderá a crear su primer Prezi siguiendo estos pasos:

1. Ingrese a `www.prezi.com`. Si ya inició sesión y los datos se han quedado guardados en el navegador, entonces podrá ver la página **Your prezis (Sus prezis)**, caso contrario, inicie sesión.
2. En la página Your prezis, clic en New Prezi (Nuevo Prezi).
3. En la página Choose your template (Elija su plantilla), clic en la plantilla que necesite usar. En mi caso seleccionaré: *Happy Holidays!*

También puedes elegir otra plantilla e ir adaptando los pasos a la misma.

---

4. Una vez seleccionado la plantilla, clic en el botón Use template (Usar plantilla).

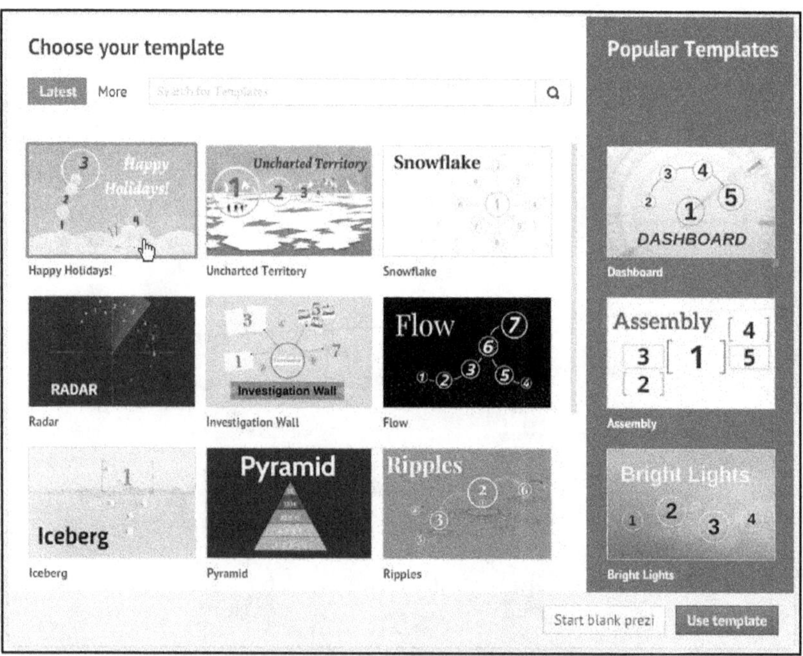

Ahora está listo para comenzar a editar su plantilla.

Conociendo la interfaz de Prezi

Cuando usted ha elegido una plantilla, se abre una presentación nueva lista para ser editada con el contenido que quiera agregar. Antes de agregar el contenido, primero dará un vistazo a su presentación para conocer la interfaz de Prezi.

Recuerde que en este ejercicio se está usando la plantilla Happy Holidays!. Si usted está usando otra plantilla, algunos resultados pueden verse algo diferentes.

---

1. A la izquierda se encuentra el panel de acercamiento/alejamiento (zoming). Clic en el *zooming 1*. Como puede ver, el *zooming 1* es la vista principal de su presentación.
2. Clic en el *zoomig 2*. Observe como se muestra un efecto de acercamiento hacia alguna parte de su plantilla de Prezi.

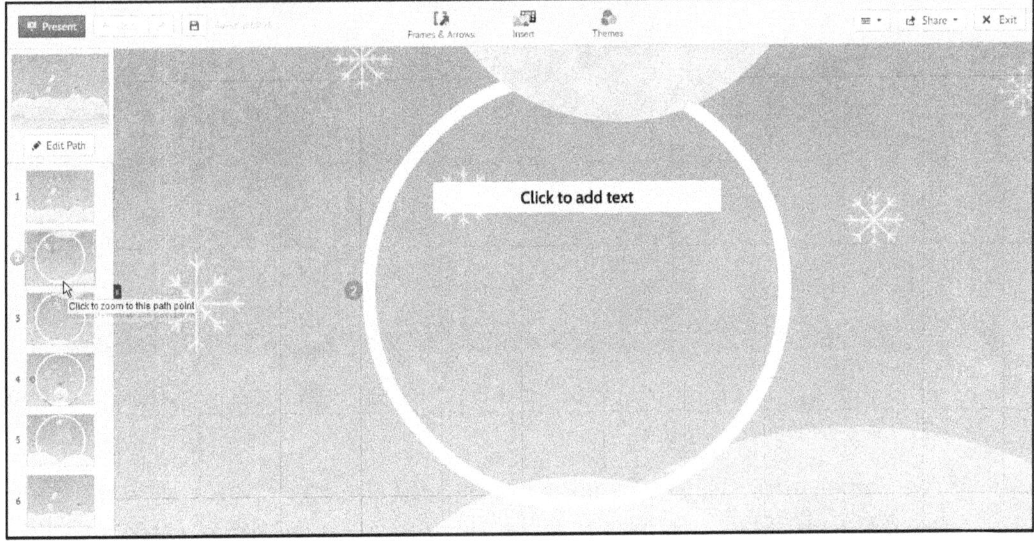

3. Clic en el *zooming* 3. Nuevamente el efecto de acercamiento hacia alguna parte de la plantilla de Prezi.
4. Clic en el botón ***Ocultar panel de zooming***. De esta manera, el panel de acercamiento desaparece y le da más espacio para editar el contenido de su Prezi.

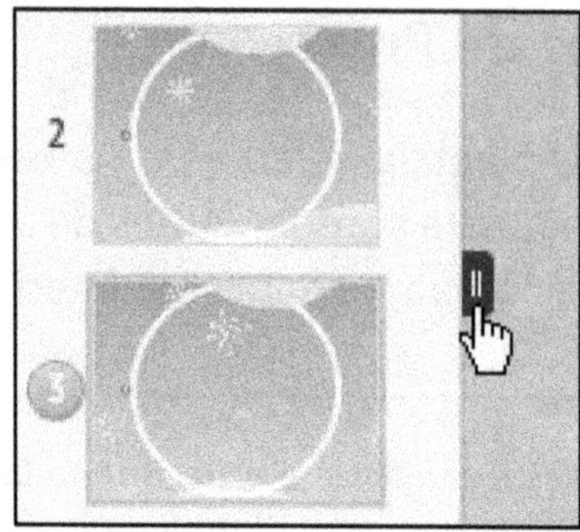

5. Para ver cómo quedará su presentación en Prezi, clic en el botón Present (Presentar) ubicado en la parte superior. Se muestra la presentación a pantalla completa.

6. Como aún no hemos trabajado nada en nuestra presentación, clic en el botón *Salir de pantalla completa*.
7. Para volver a mostrar el Panel de zooming, clic en el botón ***Mostrar panel de zooming***. Este botón ahora se encuentra al extremo izquierdo de la pantalla.

8. Para salir de Prezi y guardar los cambios, clic en el botón Exit (Salir).

Agregar contenido a su presentación en Prezi

En este ejercicio, vamos a crear una presentación en Prezi usando texto. El texto es parte importante de una presentación, pero debe ser tolerante con la cantidad de contenido que quiera agregar. Cuando quiera agregar texto, procure agregar lo más importante, solo para dar una primera impresión de lo que será el tema, luego, usted mismo como el expositor tendrá que aclarar las dudas respectivas.

1. Inicie sesión con su cuenta.
2. Clic en New Prezi (Nuevo Prezi).
3. En la ventana **Choose your template (Elegir una plantilla),** clic en More (Más).
4. Busque la plantilla **Explain a Topic (Explicar un tema)** y luego selecciónela.
5. Clic en **Use template (Usar plantilla)**.
6. Clic en el marcador de posición **Click to add Title (Clic para agregar título)**.
7. Escriba: `Conseguir mejores resultados en Facebook`.

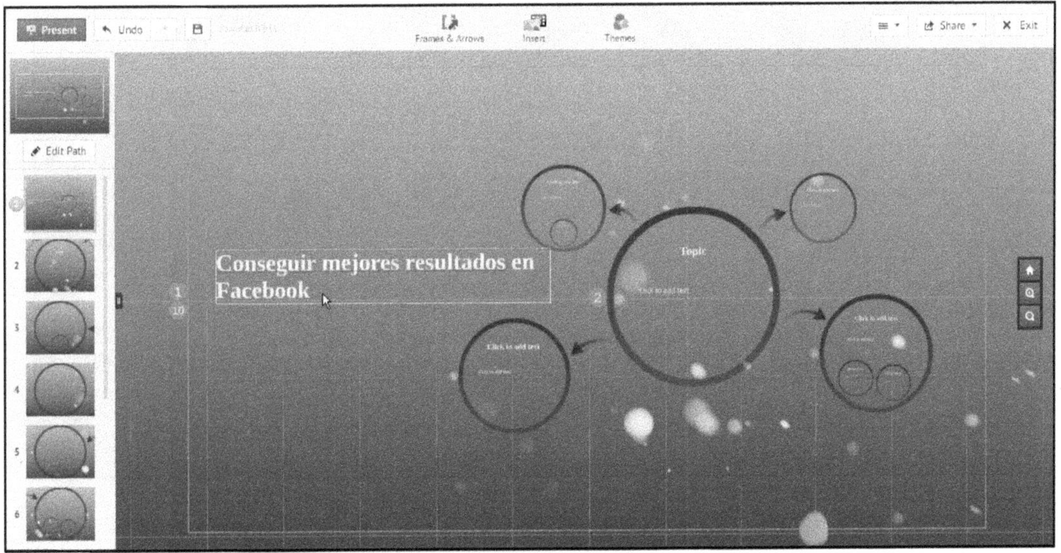

8. En el Panel de zooming, clic en el zooming 2.
9. Doble clic en el texto `Topic` y escriba: `ESTABLECER UN OBJETIVO CLARO.`

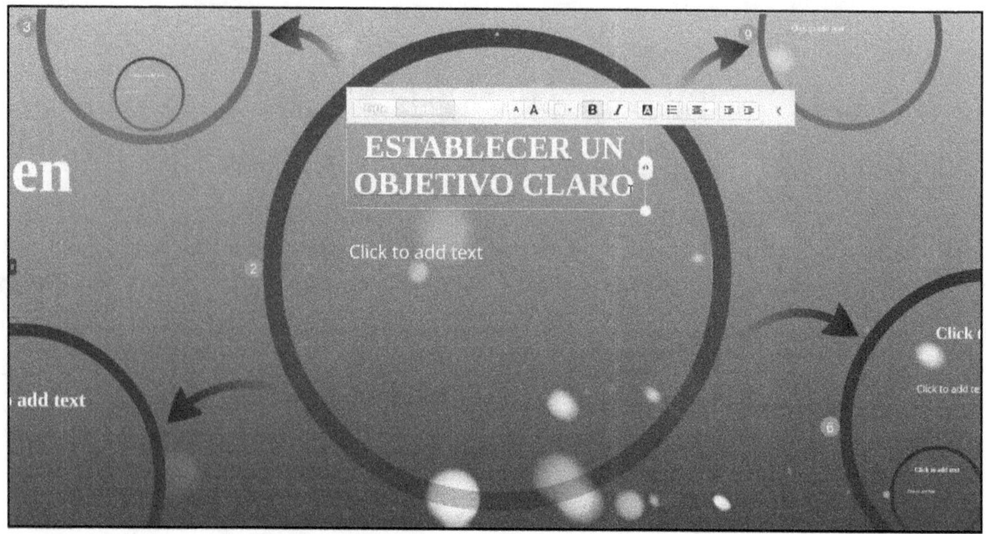

10. Clic en el marcador de posición **Click to add text** (Clic para agregar texto).
11. Agregue el siguiente texto: `¿Qué sucede cuando tenemos un objetivo y nuestro jefe otro?`
12. Pulse Enter y agregue lo siguiente: `-Es más fácil cuando tenemos un objetivo claro y que todas las personas involucradas estén de acuerdo con ello.`

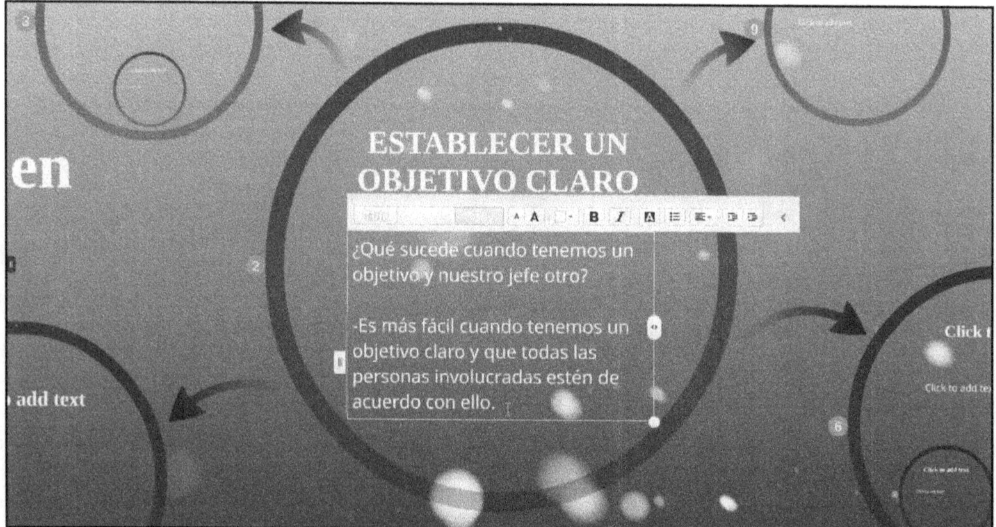

13. Seleccione el texto `¿Qué sucede cuando tenemos`...
14. En la barra de herramientas que acaba de aparecer, clic en el botón de **Alineación** y seleccione la alineación **Centrada**.

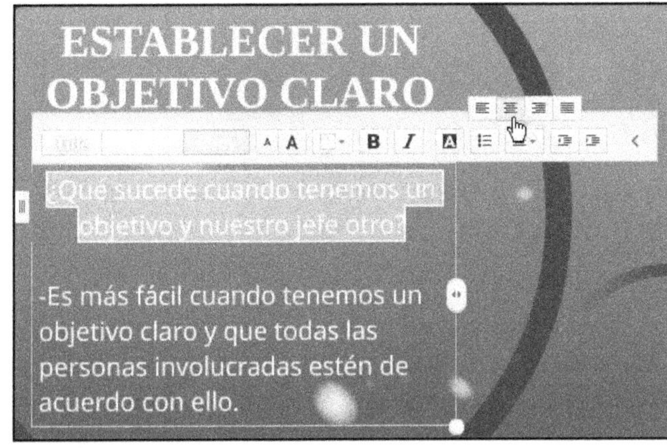

15. Para que resalte la pregunta, clic en el botón Negrita.

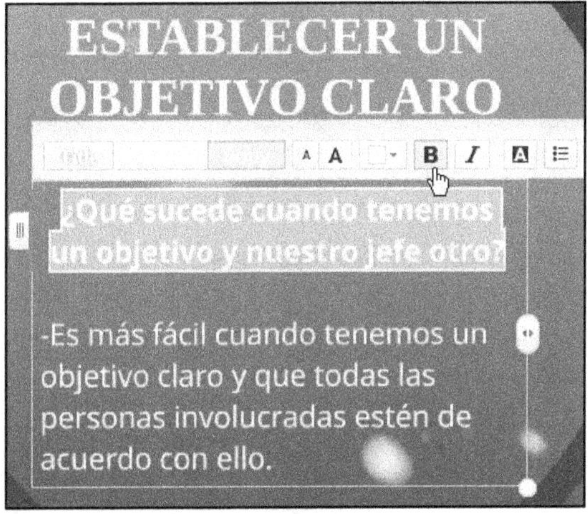

16. Clic en el zooming 3.
17. Clic en el marcador de posición principal **Click to add text (Clic para agregar texto)** y agregue lo siguiente: `Objetivos del marketing en Facebook`.

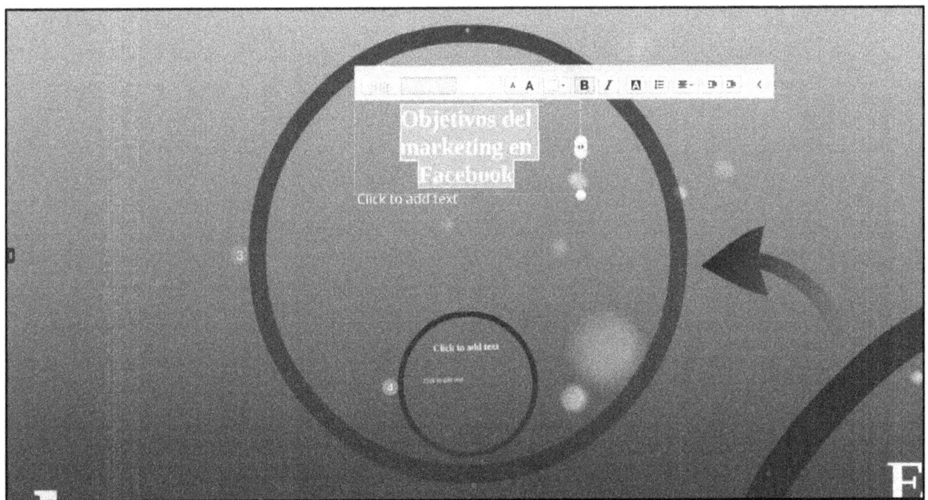

18. Clic en el siguiente marcador **Click to add text** y agregue: `Objetivos de los anuncios en Facebook.`
19. Pulse enter y agregue lo siguiente:
    - `Coste por clic más bajo.`
    - `CTR más elevado.`
    - `Más impresiones por un euro.`

En el paso 19, usted puede agregar la moneda de su preferencia.

---

20. Seleccione los textos que acaba de agregar y clic en el botón de Viñeta.

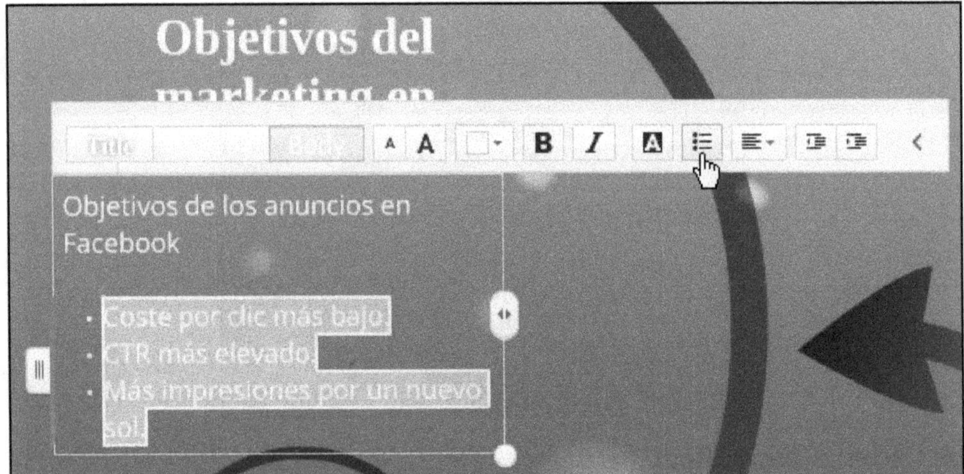

21. Clic en el zooming 4.
22. Agregue como título: `Objetivos de tener más fans en Facebook.`
23. Agregue como subtítulo:
    - `Fans más relevantes.`
    - `Menor costo por fan.`
    - `Aumento más rápido del número de fans.`
24. Aplique viñeta a los textos que acaba de agregar.

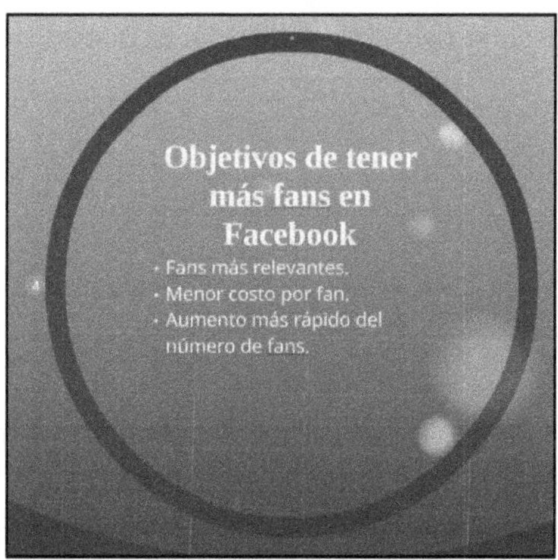

25. Para tener seguro todo lo que hemos estado agregando, clic en el botón Guardar. Este botón se encuentra en la parte superior de la ventana principal de Prezi.

26. Para dar un vistazo a su trabajo, clic en Present. Ahora su presentación en Prezi se muestra a pantalla completa. Como puede ver en la pantalla completa, siempre se puede ver el logotipo de Prezi ya que estamos usando una cuenta gratuita.

27. Como nos hemos quedado en el zooming 4, entonces Prezi muestra el contenido de ese acercamiento. Para regresar a la vista general, mueva el puntero a la derecha de la pantalla de su presentación. Aparece una barra de botones.

28. Clic en Show overview (Mostrar síntesis), el botón de la casita.

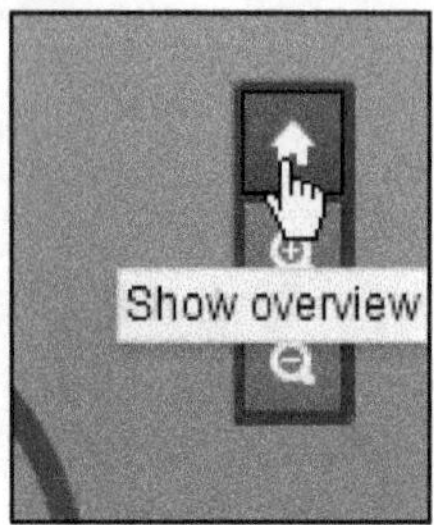

29. Para permitir que se vea a pantalla completa sin restricciones de espacio, clic en el botón Permitir. Este botón se encuentra en la parte superior de la pantalla de su presentación.

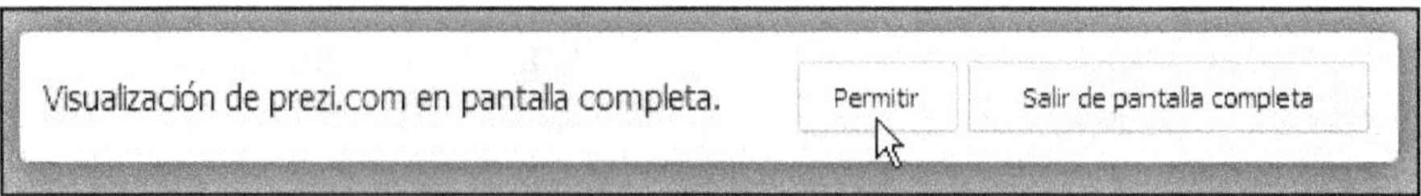

30. Como no hay barra que lo moleste, ahora podrá ver su presentación a pantalla completa sin ningún problema.

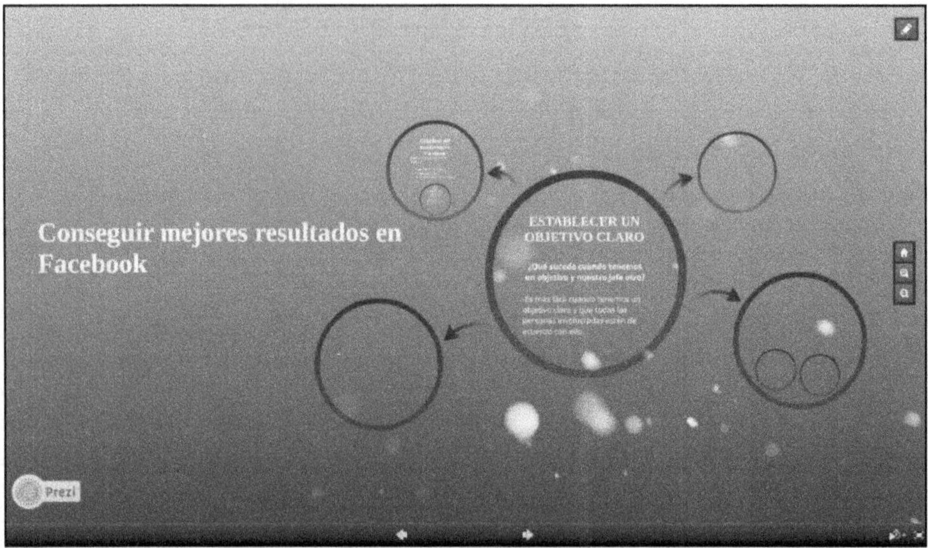

31. Pulse la tecla Esc.
32. Vuelva a guardar su presentación.
33. Como no tenemos nada más que hacer con este Prezi, clic en Exit. Con esto saldrá de su presentación a la vez que se guarda el contenido.

Cambiar el nombre de su presentación

En el ejercicio anterior, usted agregó un texto al marcador de posición principal de la plantilla en Prezi, y este texto fue tomado como el nombre principal de la presentación. Ahora, aprenderá a cómo cambiar el título principal de su presentación en Prezi.

1. Inicie sesión en Prezi.
2. En la página Your Prezis (Sus prezis), clic en su presentación *Conseguir mejores resultados en Facebook*.

3. Para cambiar el nombre a su presentación, en la página de visualización de su presentación Prezi, clic en el nombre *Conseguir mejores resultados en Facebook*. También puede hacer clic en el ícono de un pequeño lápiz, este ícono aparece al señalar el nombre de la presentación.

4. Escriba ahora: `¿Cómo obtener los mejores resultados en Facebook?`
5. Clic en Save (Guardar) para que el nuevo nombre quede guardado.

Editar el texto de su presentación

Cuando está trabajando en su presentación de Prezi lo más probable es que no acabe de agregar todo el texto en un solo día, es por ello que tendrá que guardar su trabajo para volver a editarlo más adelante. La edición de su Prezi consiste en hacer cambios a los elementos que ya fueron introducidos en su presentación.

1. Ingrese a su sesión de Prezi.
2. Señale su presentación *¿Cómo obtener los mejores resultados en Facebook?* Y luego, clic en el botón **Edit (Editar)**.

3. Seleccione el marcador de posición principal *Conseguir mejores resultados en Facebook*.
4. Clic en el botón **Edit text (Editar texto)**.

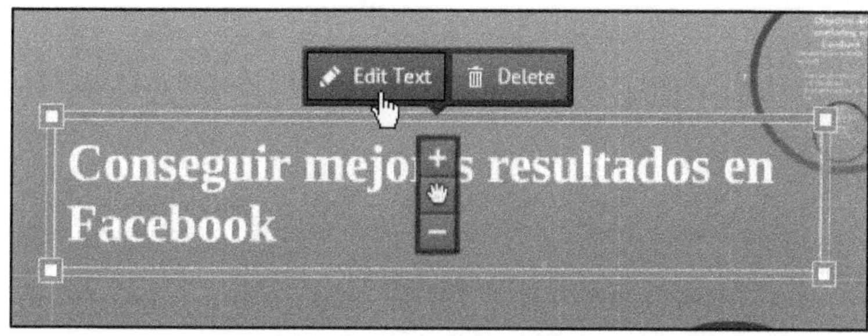

5. Seleccione el texto y escriba: `¿Cómo obtener los mejores resultados en Facebook?`
6. Para dejar de editar el texto, clic en un espacio libre de su presentación.
7. Clic nuevamente en un espacio libre de su presentación, justo debajo del título principal. Vea la imagen para tener una referencia. Como puede ver, se acaba de agregar un nuevo marcador de posición.

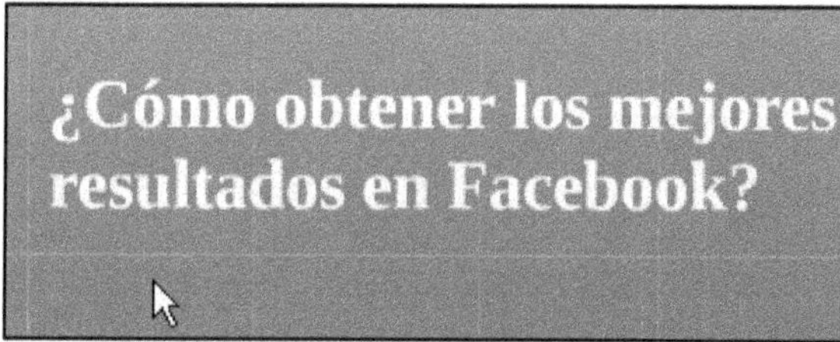

8. Escriba: `5 estrategias para llegar al éxito.`

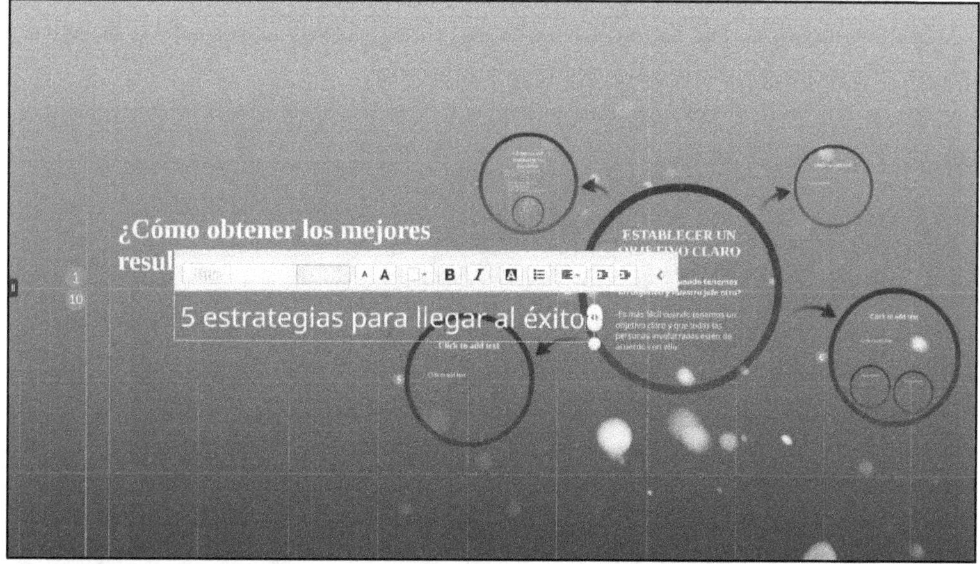

9. Clic sin soltar en el botón ubicado a la derecha del nuevo marcador de posición, y luego arrastre hacia la izquierda. De esta manera, está ajustando el ancho del marcador.

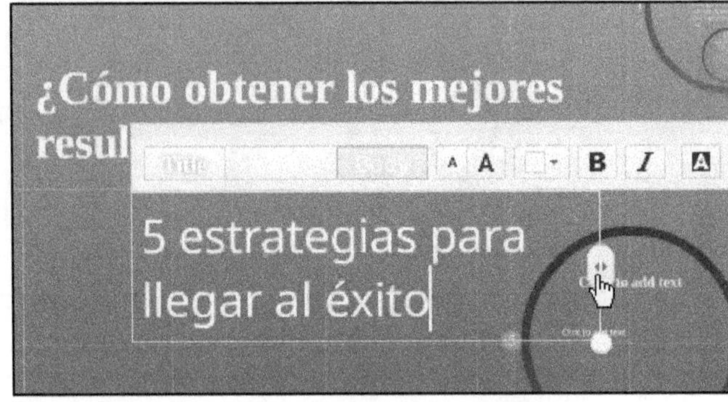

10. Clic sin soltar sobre el botón ubicado en la esquina inferior derecha del nuevo marcador de posición y arrastre en diagonal hacia adentro del marcador para cambiar el tamaño del texto.

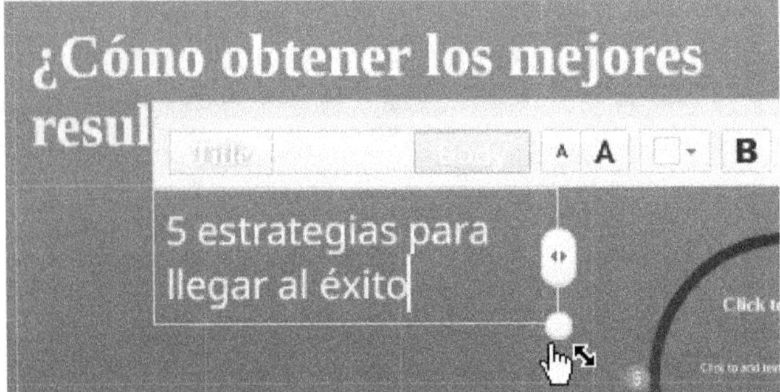

11. Clic en un espacio libre de su presentación para dejar de editar el texto.

12. Si es necesario, clic sin soltar sobre el nuevo texto agregado y arrastre justo en el medio y por debajo del título principal.

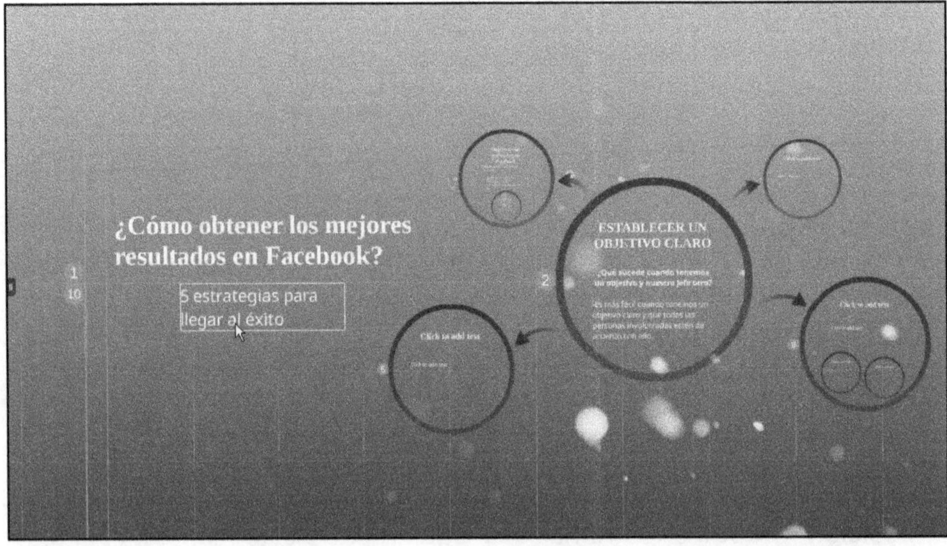

13. Ahora, usted mismo, edite el título principal y el nuevo texto agregado alineándolos al centro de sus propios marcadores. Tal como lo muestra la siguiente imagen.

Cambiar el tipo de fuente del título principal

Mientras seguimos en la presentación, hemos podido agregar contenido y editar el texto que ya fue agregado. Para continuar con la estilización de los textos en su presentación, debemos cambiar el tipo de fuente. Aunque el contenido es importante, un buen tipo de fuente resaltará mejor lo que queremos decir.

El tipo de fuente está basado al tema de la plantilla. Recuerde que un tema es una serie de personalizaciones aplicadas a su plantilla, y entre esas personalizaciones, están los textos. A continuación, aprenderá a cambiar el tipo de fuente de su título principal y del texto que acaba de agregar.

1. Con su presentación aún abierta, clic en Customize. Esta opción está ubicada en la parte superior de la interfaz de Prezi. Se abre un panel a la derecha.
2. Baje por las opciones del panel y clic en Advanced (Avanzado).

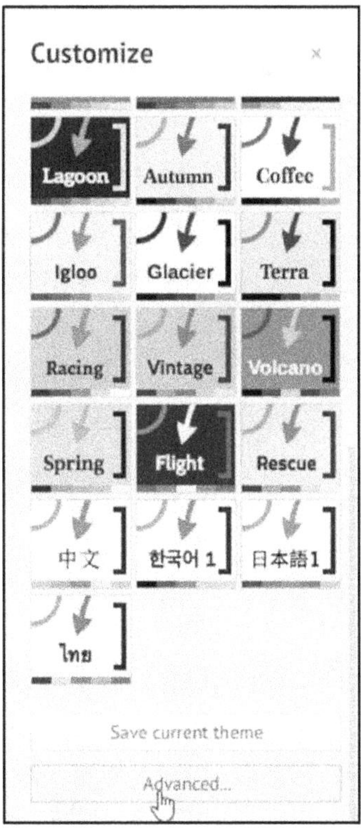

3. En el asistente de temas, clic en el botón Advanced (Avanzado).

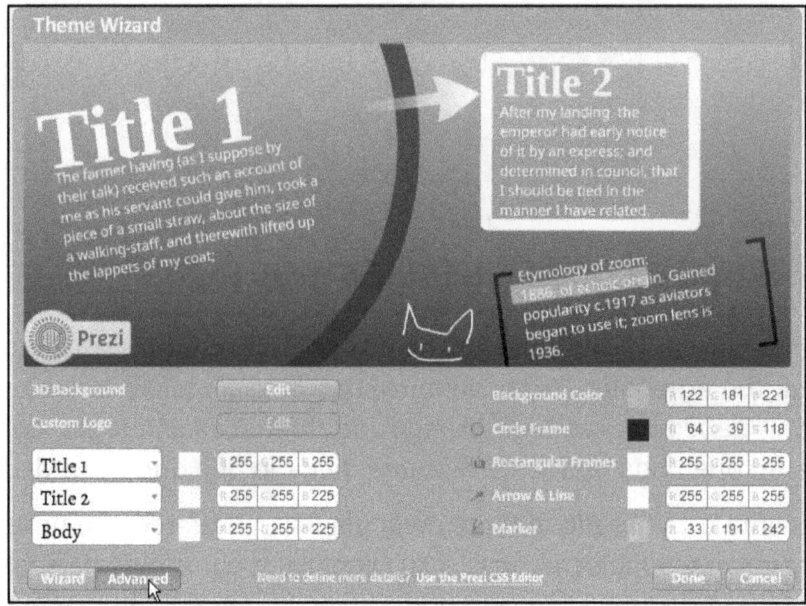

4. Clic en la flecha de **Title 1**. Title 1 es el título principal de la presentación, mientras que Title 2 o Subtitle representa a los demás títulos ubicados en los círculos de su plantilla, y Body es el texto común.
5. Seleccione la fuente Arsenal.

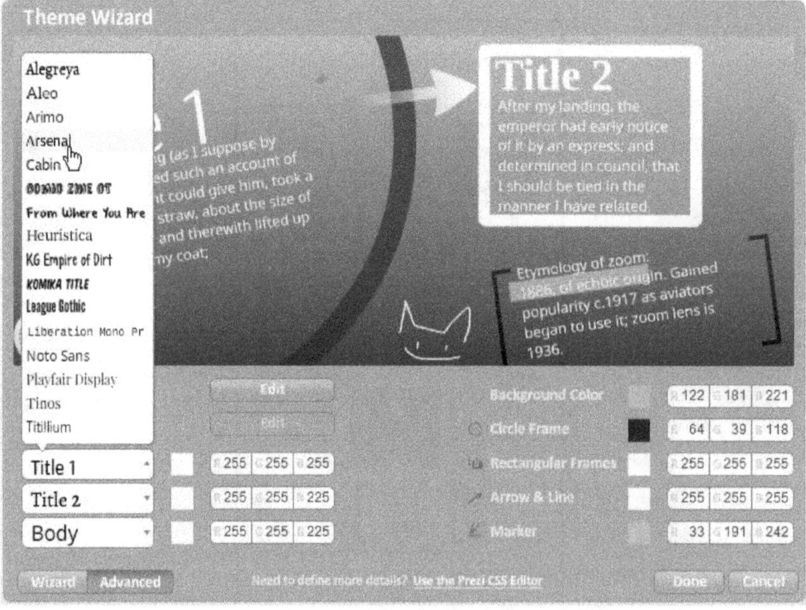

6. Clic en la flecha de *Body* y seleccione *Noto Sans.*
7. Para aplicar los cambios, clic en *Done (hecho)*.
8. Ahora, vamos a cambiar la fuente para el Title 2. Clic en Advanced nuevamente.

9. Clic en Title 2 o Subtitle.
10. Seleccione la fuente *Liberation Mono Pr.*

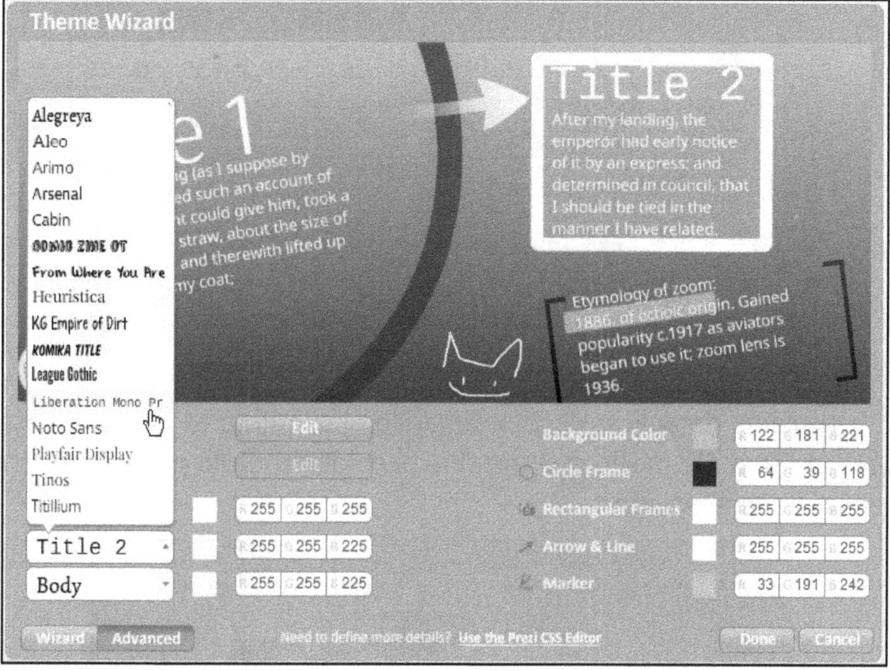

11. Clic en **Done**.
12. Guarde su presentación sin salir.

Cambiar el color de fuente

Así como el tipo de fuente ayuda a resaltar mejor el título y los textos de su presentación, un color de fuente podría ampliar tal mejora. En este apartado aprenderá a cambiar el color de la fuente.

1. Con la presentación aún abierta, doble clic sobre el texto `5 estrategias para...`
2. Al hacer doble clic, tendrá la opción de editar el texto. Seleccione el texto del marcador.
3. En la barra de herramientas, clic en el botón **Color de fuente**.
4. De la paleta de colores, clic en el color **Amarillo**.

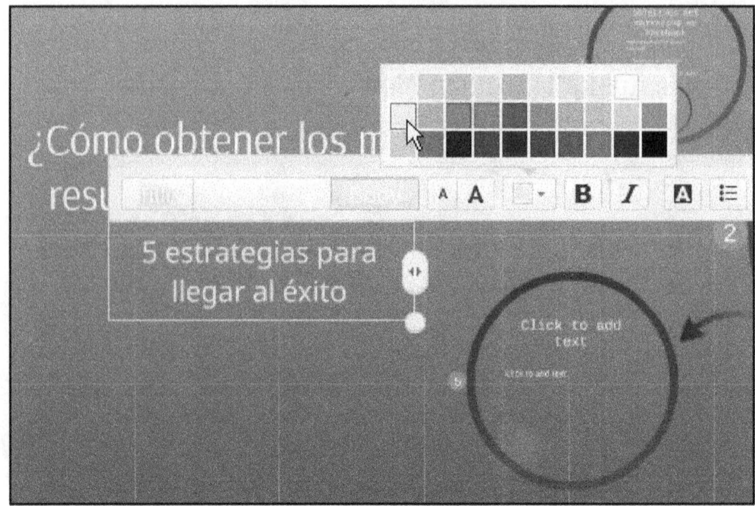

5. El problema de aplicar el color amarillo al subtítulo es que este resalta más que el título. De modo que, cambie el color del título por el que se muestra en la siguiente imagen.

6. Luego, cambie el color del subtítulo por el que muestra la siguiente imagen.

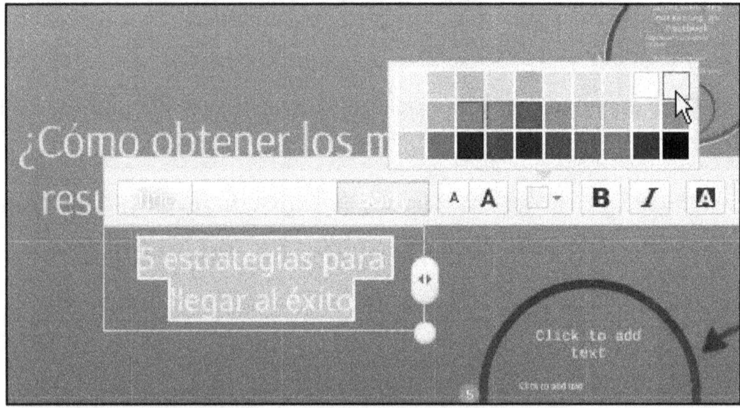

7. Seleccione el zooming 2.

8. Aplique el color amarillo al título.

9. Aplique el color blanco al texto del cuerpo.
10. Seleccione el zoominr 3 y aplique los mismos colores a los textos del zooming 2.

11. Aplique los mismos colores a los textos del zooming 4.

12. Guarde su presentación.

Descargar una imagen

Antes de insertar una imagen en Prezi, primero deberá descargarlo, a menos que haya usado un programa de diseño para hacerlo. En Internet puedes encontrar diversos tipos de imagen que podrá descargar sin problemas, pero tenga en cuenta que muchas de estas imágenes están protegidas por derechos de autor.

1. Ingrese a su navegador preferido, en mi caso, usaré Google Chrome.
2. En la pantalla principal, justo en la parte superior derecha, clic sobre Imágenes.

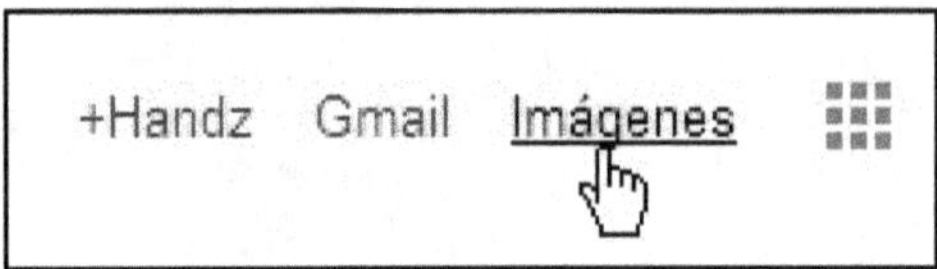

3. En el buscador de Google imágenes, escriba: **Logo Facebook**.
4. Clic en el botón Buscar (la lupa) o pulse Enter.

5. Como puede ver, Google imágenes muestra las diversas imágenes coincidentes con lo que acaba de escribir. Si señala alguna imagen, debajo de ella, aparecerá su tamaño y la dirección web principal.
6. Clic a la imagen que necesite para verla de un tamaño más grande, en algunos casos, se muestra el tamaño real de la imagen.
7. Dé clic derecho sobre la imagen y luego seleccione Guardar imagen como.

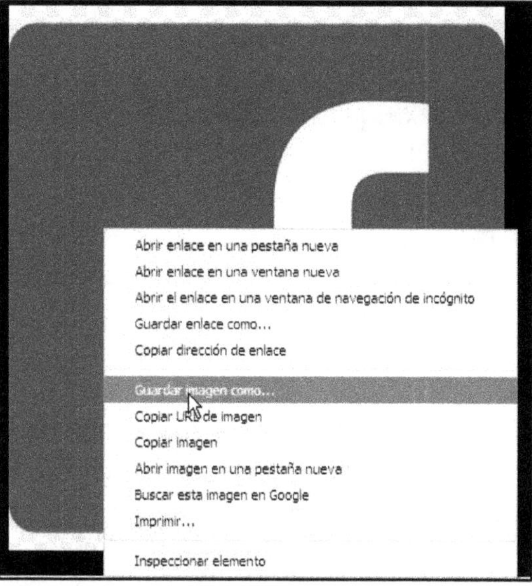

8. En la ventana Guardar como, seleccione la carpeta dónde guardar su imagen, si es necesario agréguele un nombre y luego, clic en **Guardar**.

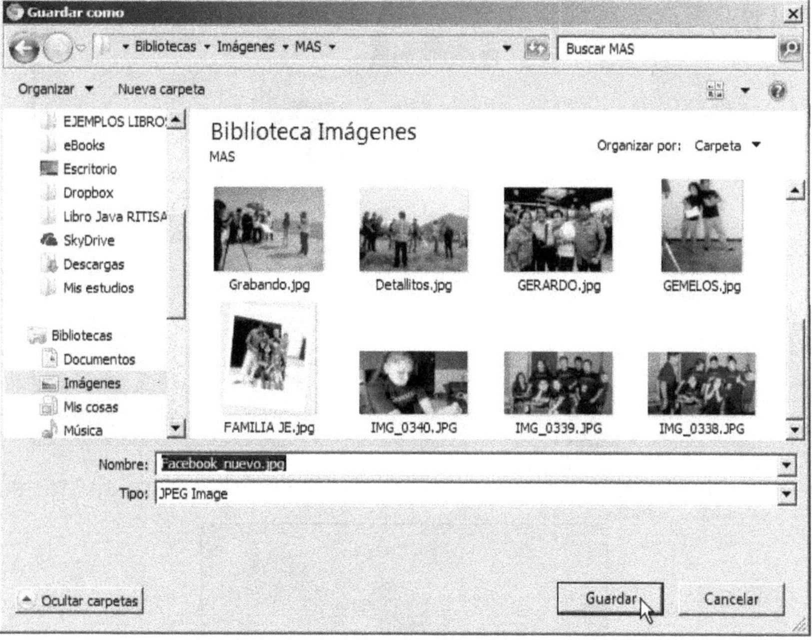

Insertar una imagen en su presentación

Así como el texto es necesario en una presentación en Prezi, las imágenes también pueden ayudar a enfatizar el contenido.

1. Con la presentación aún abierta, seleccione el zooming 1.
2. Clic en Insert (Inertar) y luego seleccione Image (Imagen).

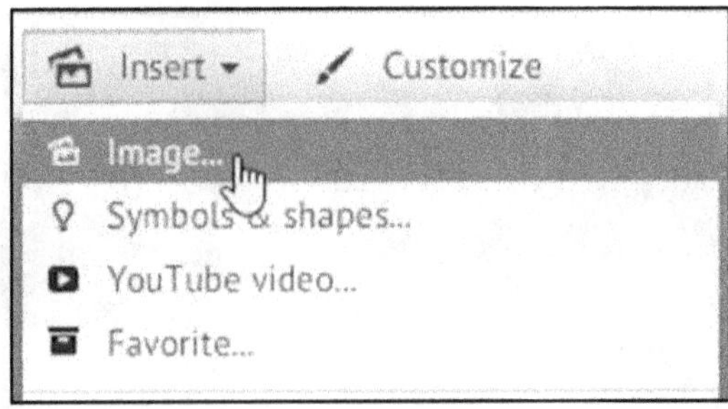

3. En el panel Insert image (Insertar Imagen), clic en Select files (Seleccionar archivos).
4. En el cuadro de diálogo **Seleccione los archivos que se cargarán con prezi.com,** busque su imagen, selecciónelo y clic en Guardar.

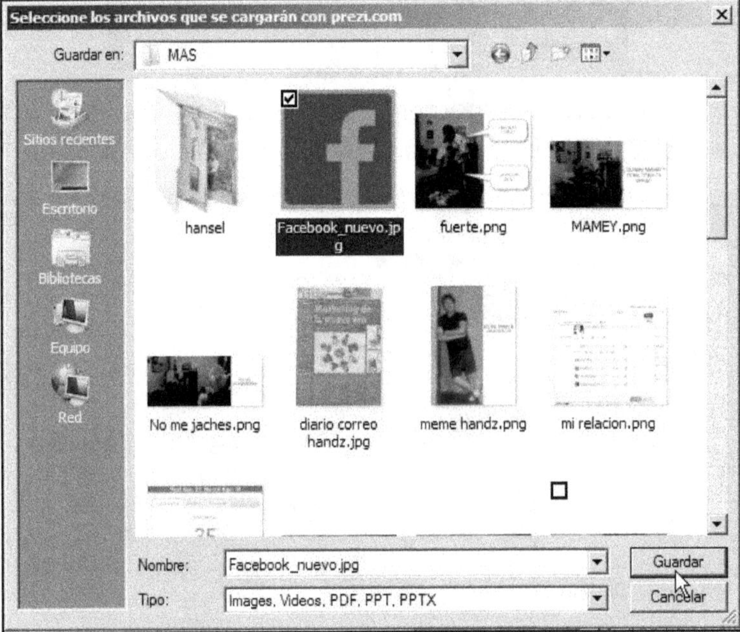

5. Una vez insertada la imagen, use los controladores para ajustar su tamaño.

6. Seleccione el zooming 2.

7. En el panel Insert Image, clic en el campo Search images on the web (Buscar imágenes en la web).
8. Escribe ***objetivos*** y clic en el botón Buscar.

9. Clic sin soltar en la imagen que necesite y luego arrástrelo hacia su presentación.

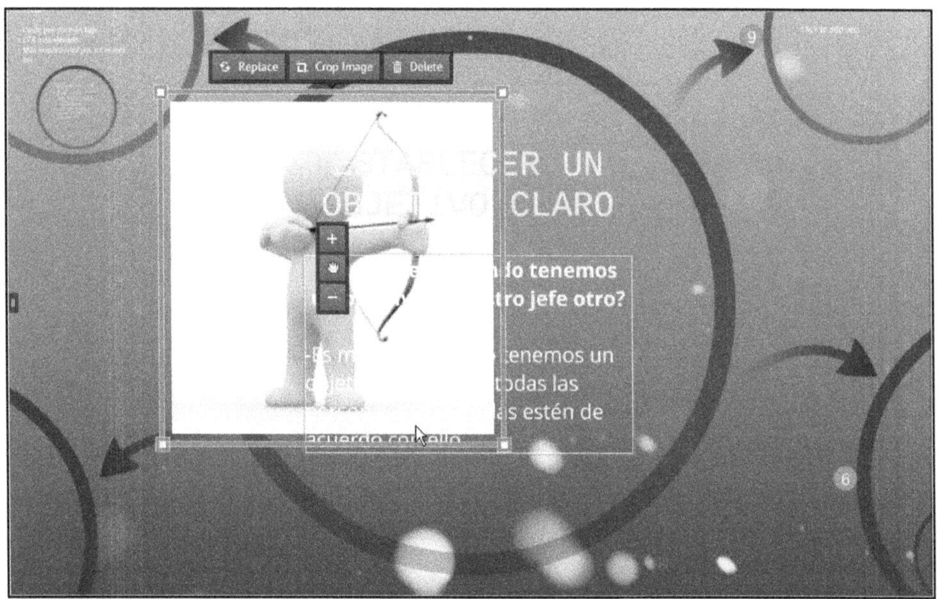

10. Usando los controladores de tamaño, disminuya la imagen y coloque encima del título tal como lo muestra la imagen.

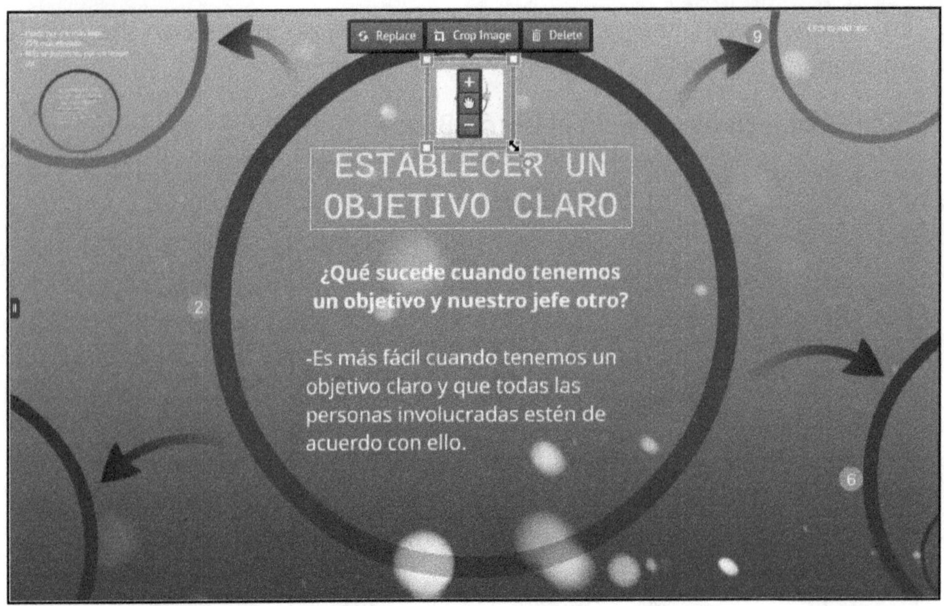

11. Guarde su presentación.

Insertar un símbolo

A diferencia de las imágenes que son *rasterizadas*, los símbolos son imágenes vectoriales que pueden ser insertadas en su presentación. A continuación, aprenderá a como insertar un símbolo a su presentación.

1. Con su presentación aún abierta, seleccione el zooming 3.
2. Clic en Insert y luego clic en Symbols & shapes (Símbolos y Formas).

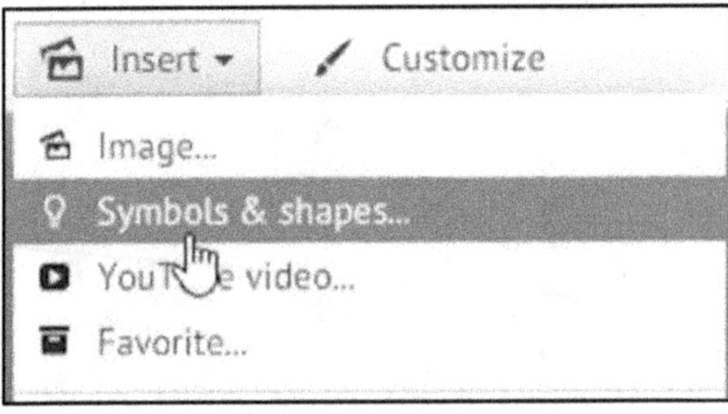

3. En el panel Styles, usted puede seleccionar diferentes categorías que aparecen. En este caso seleccionaré Sketched.

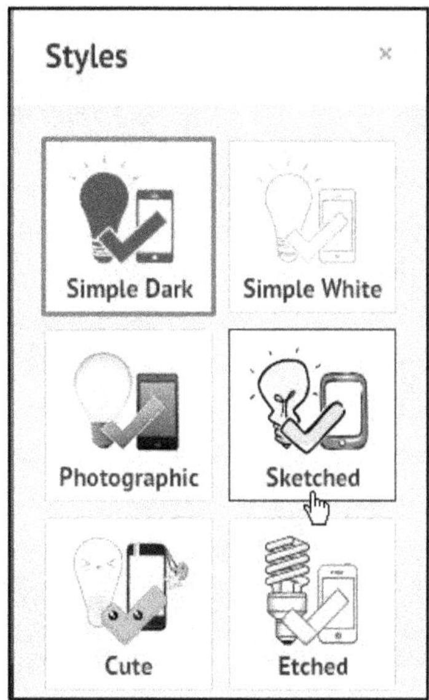

4. Navegue por el panel hasta encontrar la mano con el dedo pulgar hacia arriba.

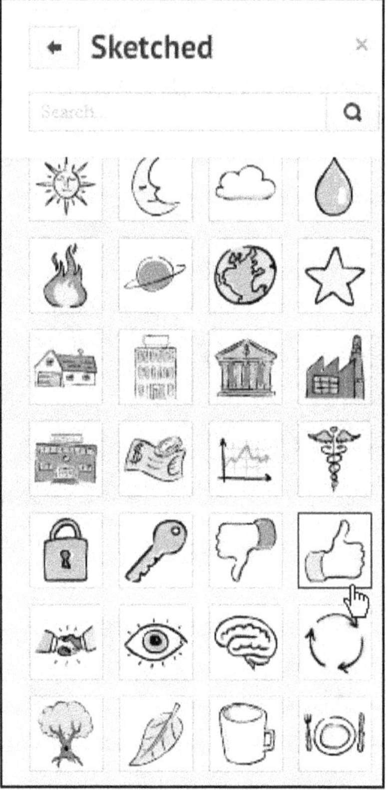

5. Clic sin soltar y arrástrelo encima del título *Objetivos del marketing en Facebook*.

6. Seleccione el zooming 4.
7. Ahora, arrastre el símbolo de las tres personas justo debajo de los textos.

8. Con el símbolo aún seleccionado, clic en el símbolo **Más** para aumentar el tamaño del símbolo.

9. Guarde y cierre su presentación.

Capítulo 9: Crear una Presentación en Blanco

En este capítulo usted aprenderá a:

- Cambiar el fondo de la presentación
- Agregar zooming
- Agregar contenedores
- Insertar marcos múltiples
- Dar efecto de giro

Creando una presentación en blanco

Aunque ya existen plantillas prediseñadas, usted puede crear una presentación en blanco y añadir todos los objetos que necesita.

1. Inicie sesión en su cuenta de Prezi.
2. Clic en New Prezi.
3. En Choose your template, clic en **Start blank prezi (Iniciar Prezi en blanco)**.
4. Cuando usted crea su prezi en blanco, en el panel de zooming se encuentra al menos un zooming.

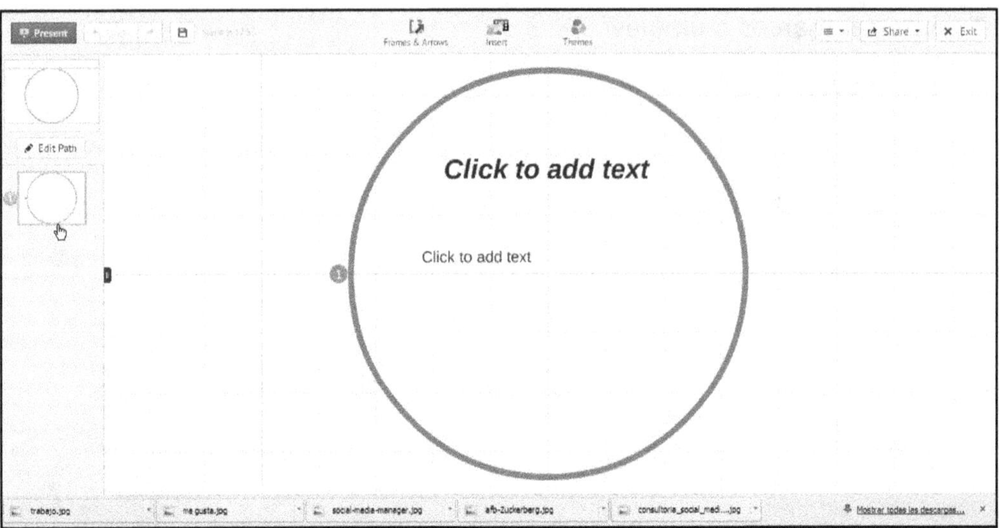

Eliminar el primer acercamiento

Cuando trabaja en prezi, usted ha podido comprobar que cada vez que desea ver algún contenido, la presentación nos brinda un efecto de zoom o acercamiento. Estos efectos están basados en rutas. Cada ruta equivale a una animación o transición y estas transiciones son los acercamientos. A continuación, aprenderá a eliminar la primera ruta por defecto.

1. En el panel de rutas, antes llamado panel de zooming, clic en Edit path (Editar ruta).
2. Ahora, señale su primera ruta y clic en la x roja.

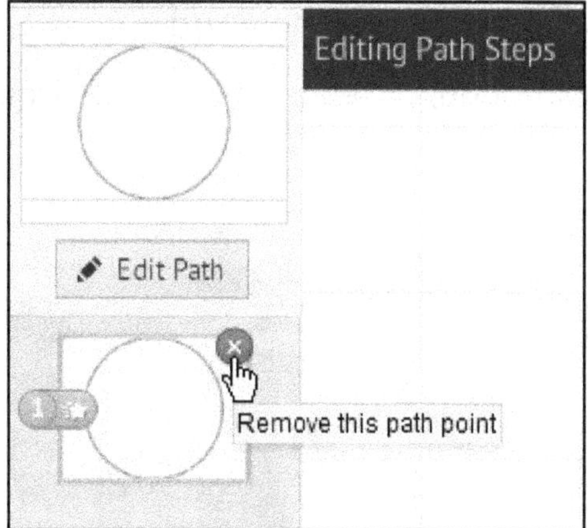

3. Para completar la operación, clic en Done (Hecho).

Eliminar el objeto circular

Bien, el primer objeto que aparece es un círculo, este círculo en realidad es un marco contenedor para los textos e imágenes que pueda insertar. Vamos a eliminarlo para empezar a trabajar desde cero.

1. Clic en el borde del objeto circular para seleccionarlo.
2. En la barra de herramientas superior del objeto, clic en Delete (Borrar).

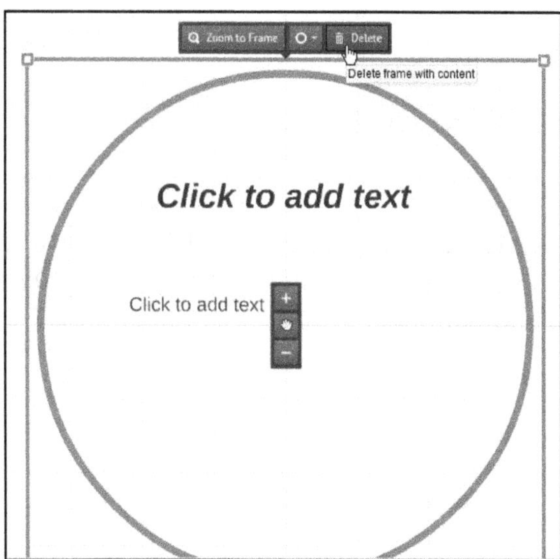

Cambiar el fondo de su presentación

Para empezar a trabajar en su presentación, vamos a cambiar el fondo del lienzo. El lienzo es toda el área donde podemos trabajar y por lo general, es de color blanco. A continuación, aprenderá a cambiar su fondo de su presentación:

1. Clic en Customize y clic en Advanced (Avanzadas...).

2. Verifique que esté activo la opción Wizard.
3. En la sección Background, clic en el color al lado izquierdo del negro.
4. Clic en Done.

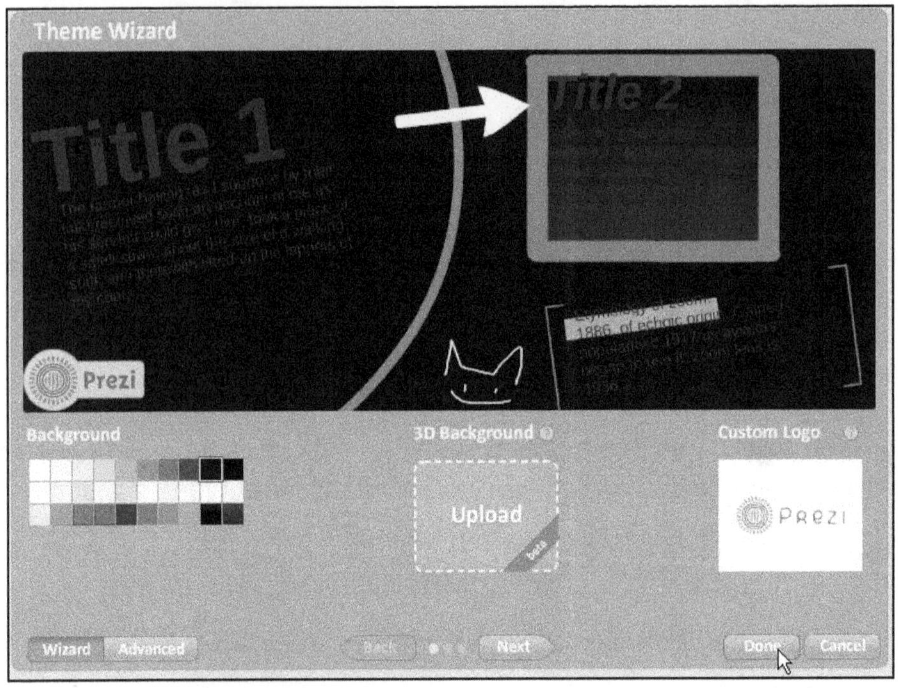

5. Su fondo de presentación ha cambiado. Clic en el botón Guardar.

Agregar un contenedor invisible

Para agregar las transiciones a sus presentaciones en Prezi deberá agregar un contenedor. Prezi posee cuatro tipos de contenedores, uno de ellos es un contenedor invisible. Al insertar un contenedor, podrá aplicar una ruta para su transición en su presentación.

1. Clic en **Insert** (**Insertar**).
2. Clic en **Layouts** (**Diseños**).

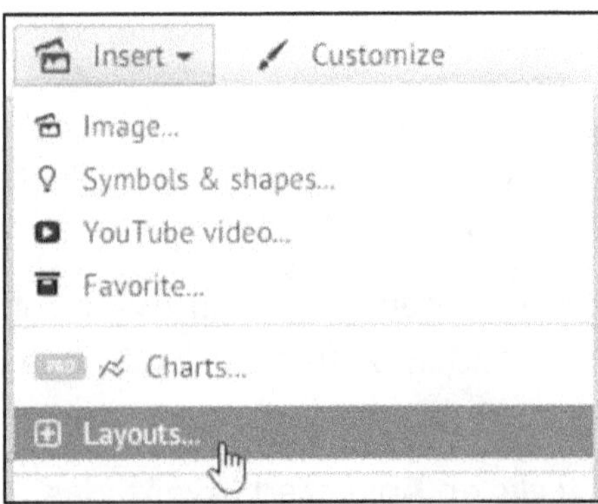

3. En el panel de Diseños, arrastre el diseño que necesite hacia su página. En mi caso, elegiré el primero de la segunda columna.

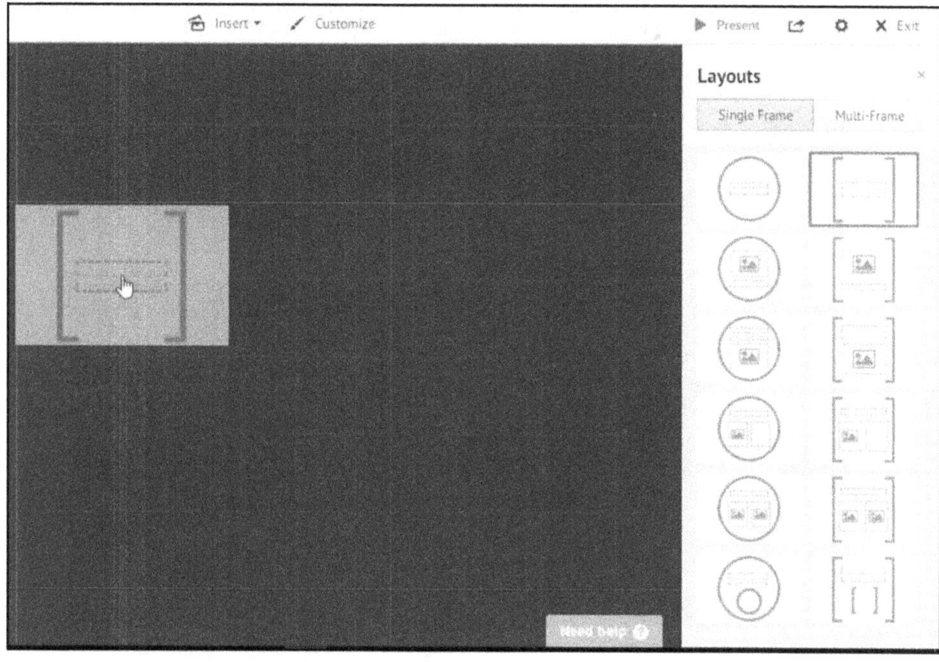

4. Si es necesario, agrande el contenedor. Y clic afuera del contenedor.
5. Clic en el borde del contenedor para que aparezca una barra de herramientas.
6. Clic en Type y seleccione Invisible.

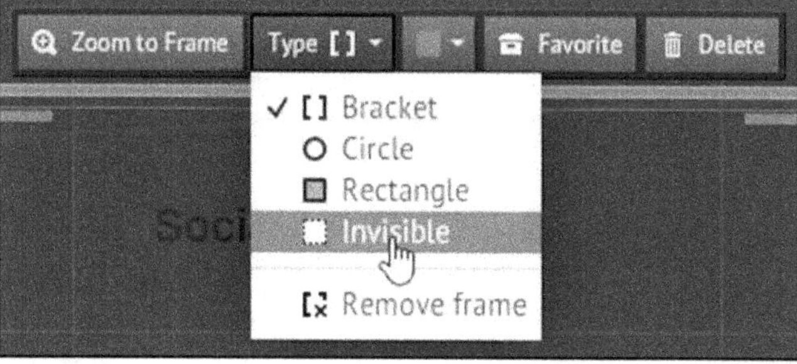

7. Agregue el texto `Social Media` al contenedor de título.
8. En la barra de herramientas, cambie a Title.

9. Seleccione el texto Social Media y aplique un color blanco.
10. Si es necesario, aumente el tamaño del texto y posiciónelo, mediante la manito, en medio del contenedor.

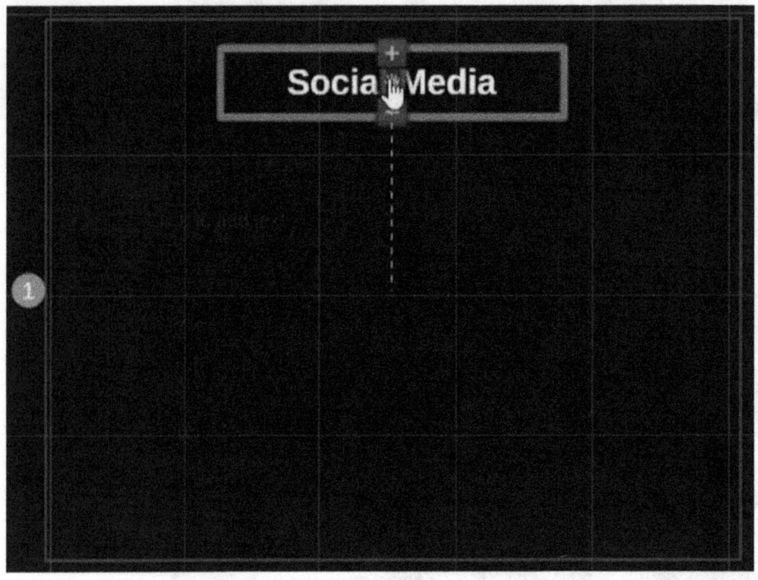

Agregando un acercamiento

En el panel de rutas, anteriormente llamado zooming, usted podrá agregar todos los acercamientos que en realidad son efectos de transición en Prezi. A continuación, agregará la primera ruta.

1. Clic en el borde del contenedor invisible.
2. En la barra de herramientas, clic en **Zoom to frame (Zoom al marco)**.

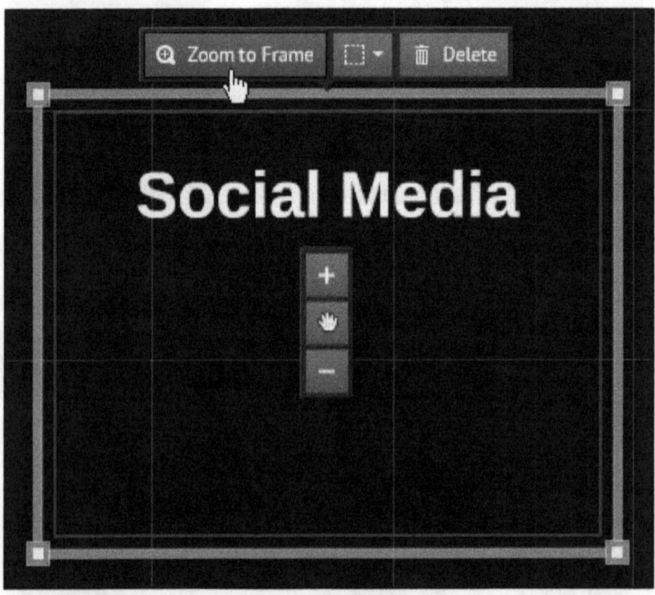

3. Una vez que se hizo el acercamiento, clic en el botón Edit path (Editar ruta) en el panel de ruta.

4. En la parte inferior del panel, clic en **Add current view (Agregar esta vista)**.

5. Puede observar que el acercamiento se agregó al panel de ruta. Clic en Done.

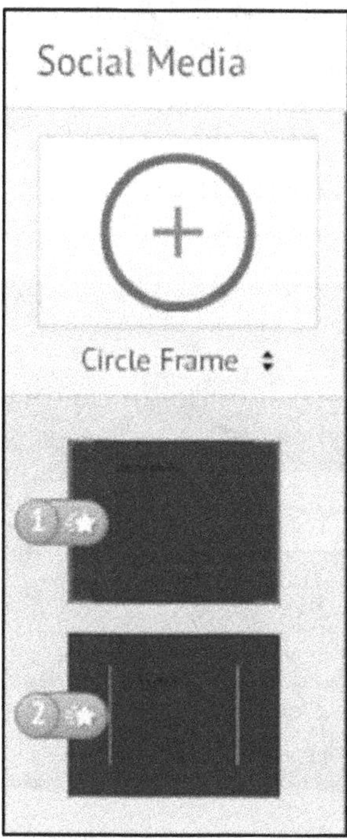

Agregando un contenedor de corchete

Otra forma de agregar efectos de transición a su presentación en Prezi es usando un contenedor de corchete. Al igual que con el contenedor anterior, puede aplicar un acercamiento al mismo.

1. Clic en **Insert** (**Insertar**).
2. Clic en **Layouts** (**Diseños**).
3. Inserte el contenedor en forma de corchete arrastrándolo hacia la página.
4. Si es necesario, ajuste el tamaño y la posición del contenedor.
5. Clic en el borde del contenedor y clic en el botón Zoom to frame.

6. Una vez con el acercamiento, clic dentro del contenedor y agregue: `creado por Handz` Valentin o el nombre que usted prefiera.

7. Seleccione el texto `creado por` y aplique color blanco.
8. Seleccione el texto `Handz Valentin` y aplique color naranja.

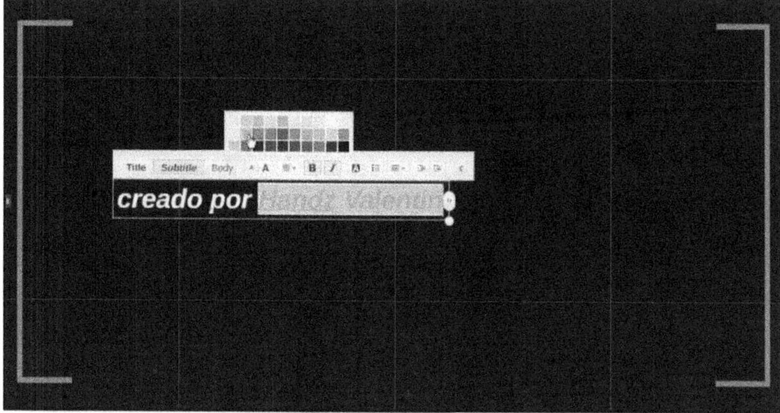

9. Aumente el tamaño del texto y posiciónelo en el medio del contenedor.

10. Guarde su presentación.

Agregar un contenedor de rectángulo

Al igual que un contenedor invisible y uno de corchete, también puede agregar un contenedor rectángulo a su presentación.

1. Dé clic sin soltar en un espacio libre del contenedor de corchete y arrastre hacia la izquierda. De esta manera, estamos haciendo más espacio a la derecha para agregar otro contenedor.

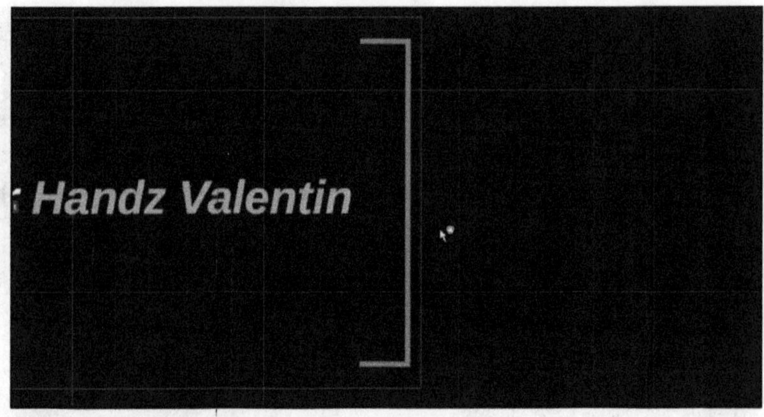

2. Una vez que ya haya suficiente espacio sin que se muestre nada del contenedor de corchetes, inserte cualquier marco.
3. Use la opción Type y seleccione Rectangular.

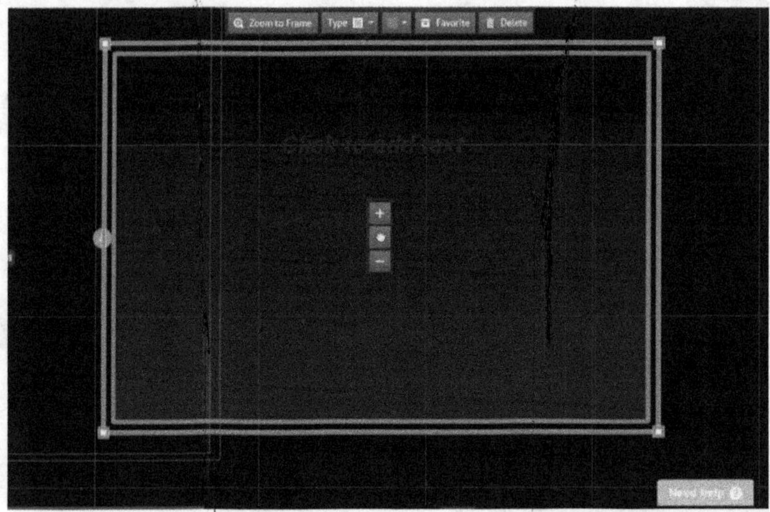

4. Dé clic dentro del contenedor y agregue el siguiente texto: `Antes, internet incluía mensajes de correo electrónico y salas de chat.`

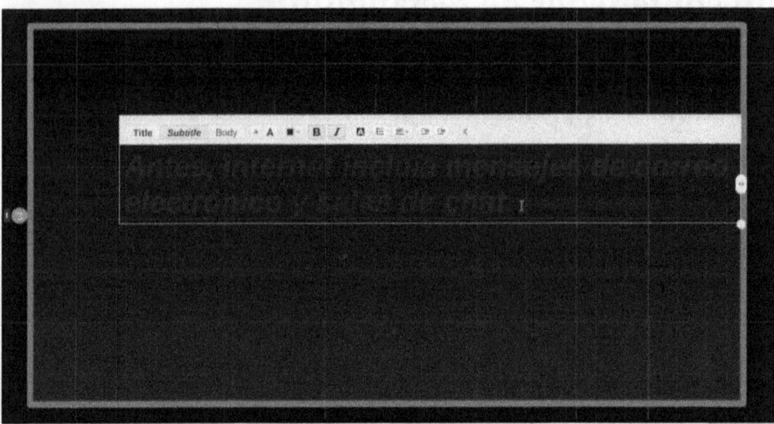

5. Usando el botón de la derecha del marcador del texto, ajuste su tamaño.

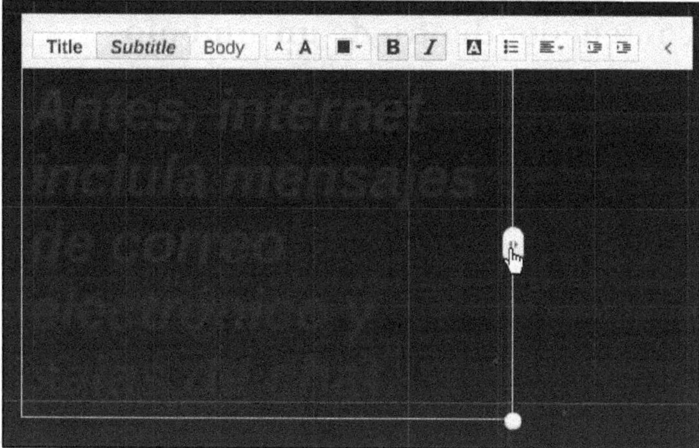

6. Seleccione el texto `Antes, internet incluía` y luego aplique color blanco.

7. Seleccione el texto que falta y aplique color naranja.

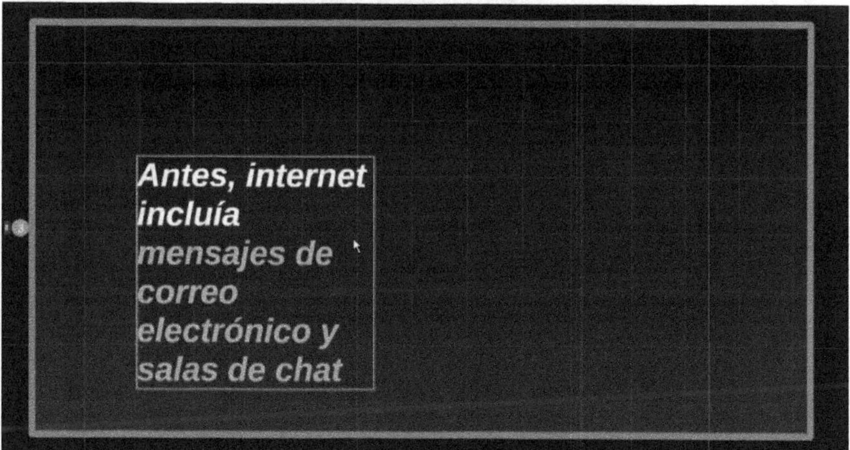

8. Ajuste el texto a la izquierda del contenedor.

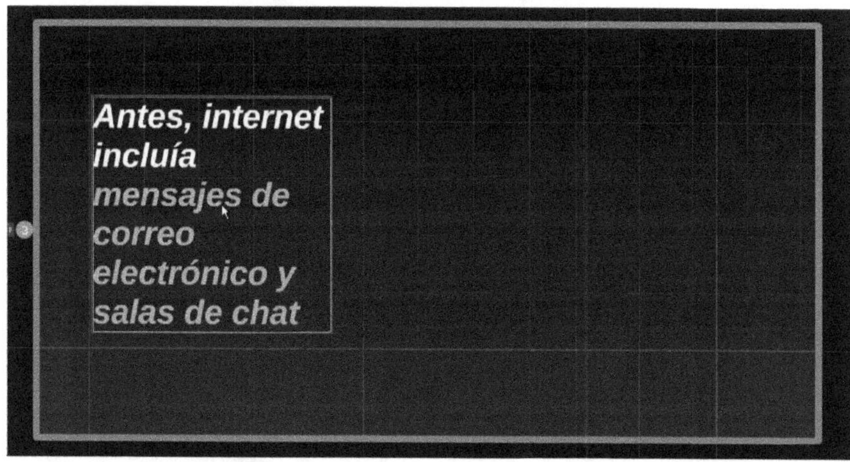

9. Guarde su presentación.

Insertar un contenedor dentro de un símbolo

Ya sabemos que Prezi tiene opciones para agregar símbolos a sus presentaciones. Estos símbolos son imágenes vectorizadas, por lo tanto, al ser aumentadas de tamaño, la calidad no se verá afectada, dando la oportunidad de hacer transiciones dentro de ellas.

1. Con el acercamiento hacia el contenedor rectángulo aún activo, si es necesario, clic en Edit Path y clic en Add curent view. De esta manera habrá agregado la transición al panel de rutas si esté no se hubiera agregado automáticamente.

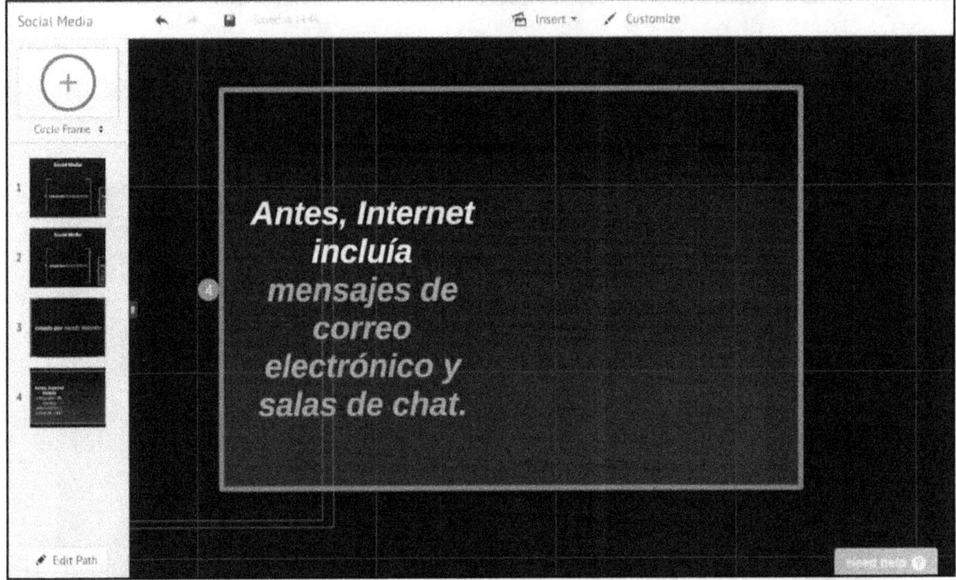

2. Clic en Insert y luego clic en Symbols & Shapes. (Símbolos y formas)
3. Seleccione la categoría Stickers.

4. Navegue hasta encontrar la Laptop.

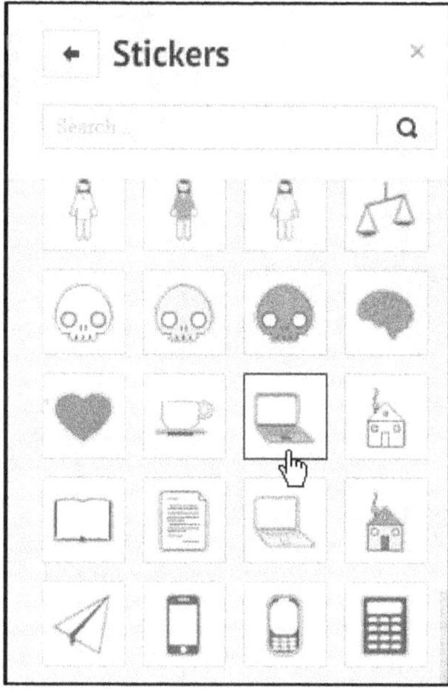

5. Arrastre la laptop hacia el texto de la transición 3 y aumente un poco su tamaño.

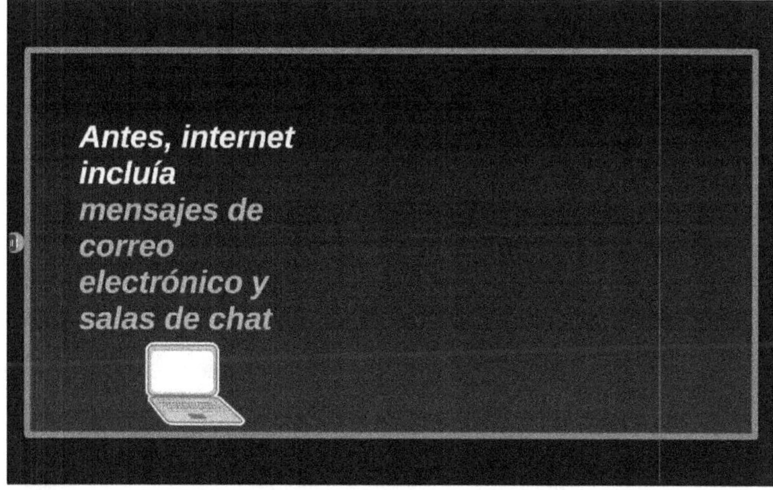

6. Insertaremos una imagen de mapa de bits al costado del texto. Clic en Insert y luego seleccione Image.

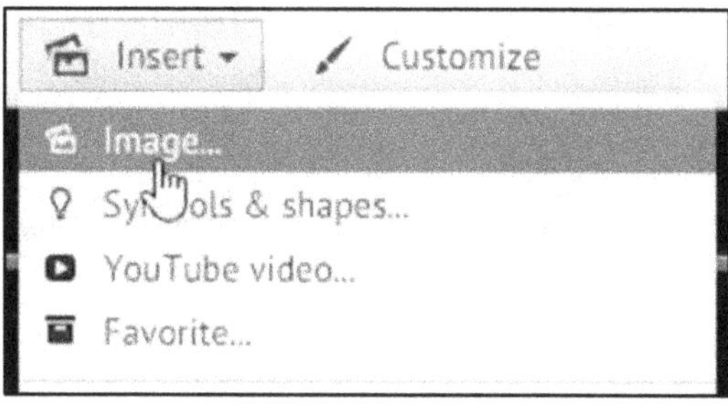

7. Seleccione Select files y desde la carpeta Guía 09 Agregue la imagen **Teclado**.

8. Con la imagen seleccionada, señale la esquina inferior derecha y use el controlador de giro para girar ligeramente hacia arriba.

9. Inserte un contenedor invisible e intente colocarlo en medio de la pantalla de la laptop.

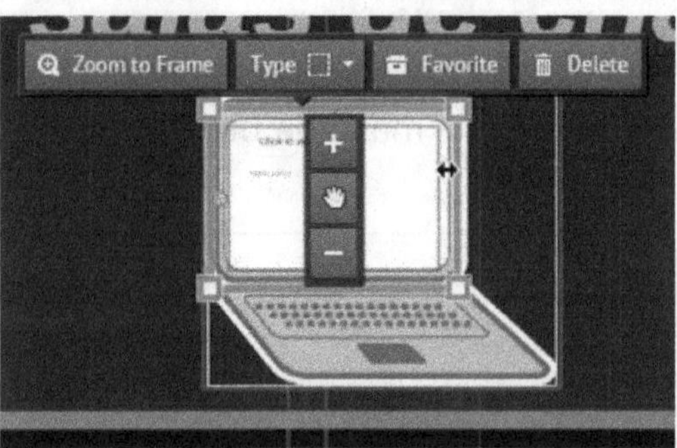

10. Con el objeto aún seleccionado, dé clic en Zoom to frame.

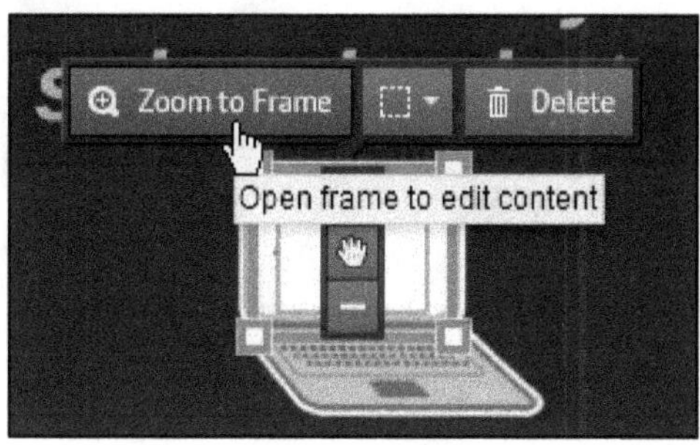

11. Agregue dentro del contenedor el texto: `Ahora, Social Media es...`
12. Aplique color negro al texto y solo a las palabras `Social Media`, aplique color naranja.
13. Aumente su tamaño para que se vea mejor el texto.

14. Recuerde, si no se ha agregado automáticamente la transición al panel de rutas, hágalo manualmente.

Agregar un contenedor de círculo

Un último contendor que nos falta explorar es el de círculo. Al igual que los demás, este objeto será necesario para aplicar transiciones a sus presentaciones.

1. Intente moverse por debajo de la laptop hasta llegar al touchpad. Para hacerlo, arrastre el lienzo fuera del contenedor.

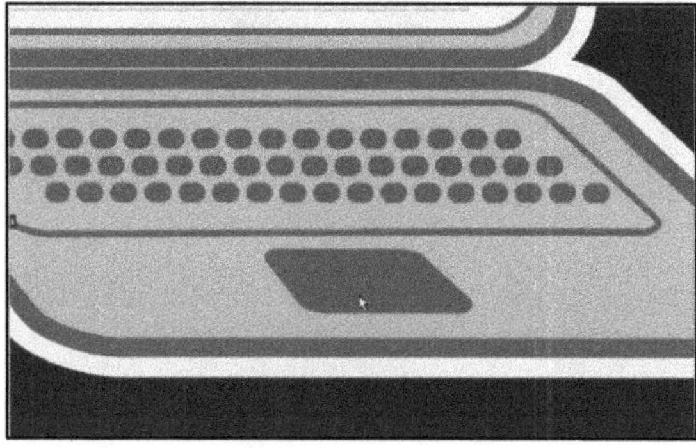

2. Inserte un marco en forma de círculo muy cerca del touchpad.

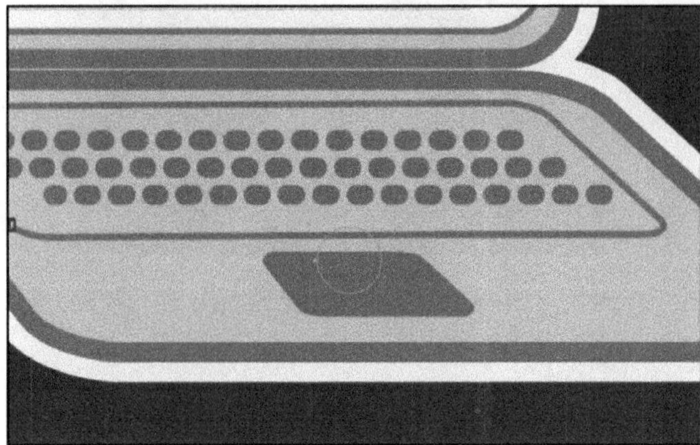

3. Intente colocar el contenedor en medio del touchpad.

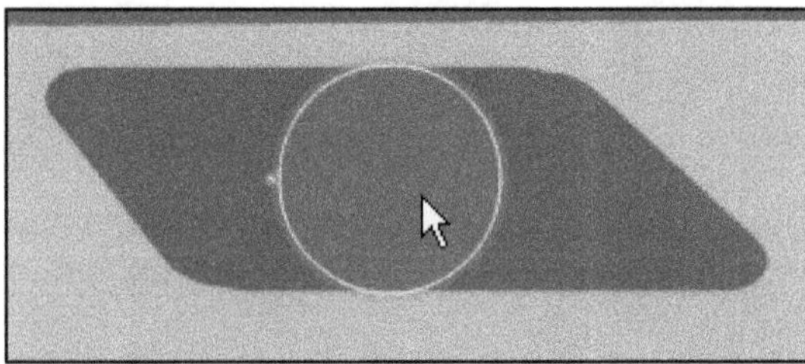

4. Seleccione el contenedor y dé clic en **Zoom to frame**.

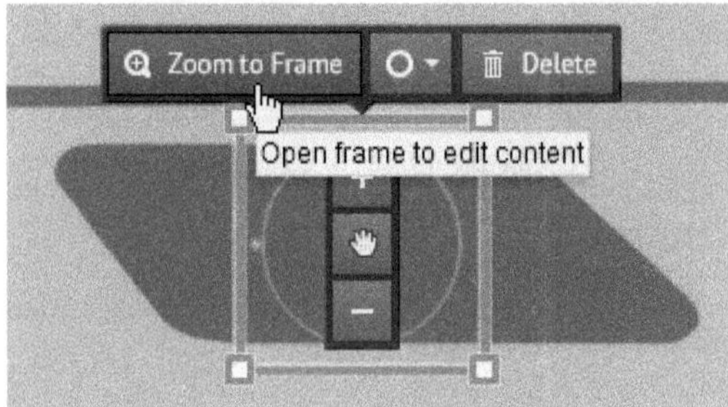

5. Agregue el texto *3 pilares* en el medio del círculo y aumente su tamaño.

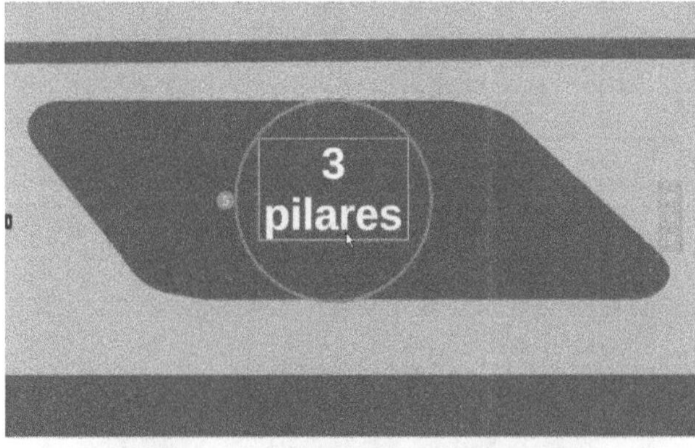

Insertar un Marco-Múltiple

Otra forma de hacer transiciones, y no necesariamente agregando un contenedor individual, es usando un diagrama. Cuando inserta un diagrama, sus objetos automáticamente se convertirán en transiciones que ayudarán a la fácil visualización del contenido.

1. Muévase hacia abajo del lienzo hasta encontrar un lugar completamente libre, fuera de los objetos que ya agregó.
2. Clic en Insert y seleccione Layouts.
3. En el panel Layouts, clic en Multi-Frame (Marco Múltiple).

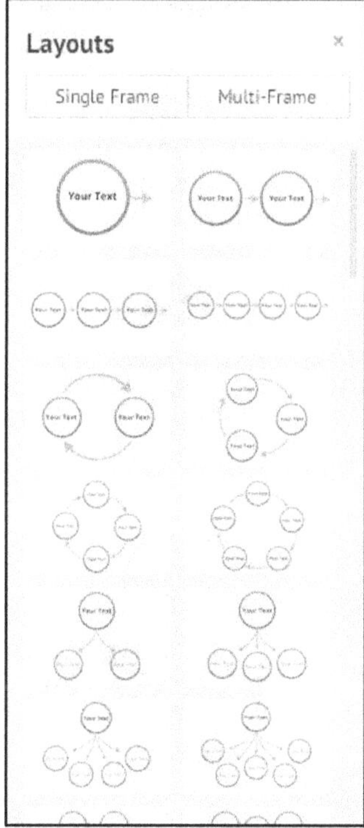

4. Arrastre el marco que tiene 3 círculos y aumente su tamaño de ser necesario.

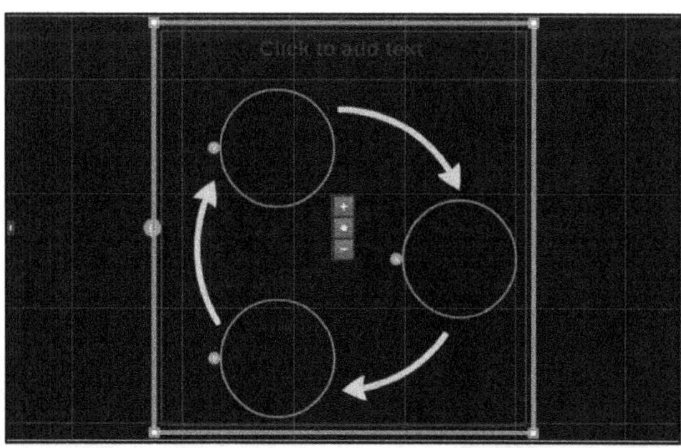

5. Clic en Click to add text y escriba: `Diagrama de los 3 pilares`.

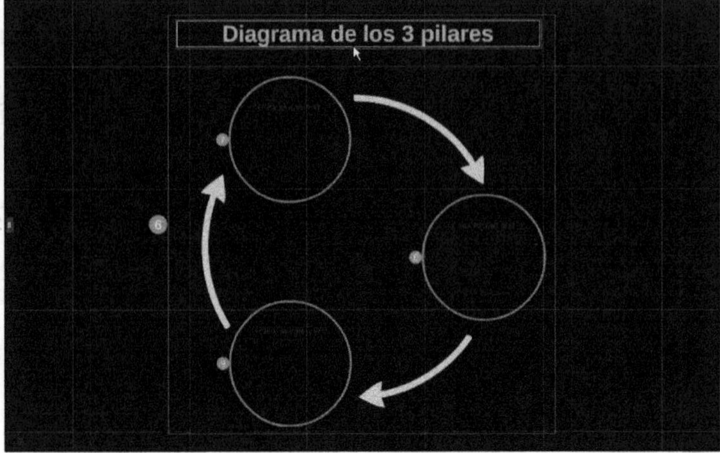

6. En el panel de ruta, clic en el primer círculo que representa al marco múltiple recién insertado. (Vea la imagen como referencia).

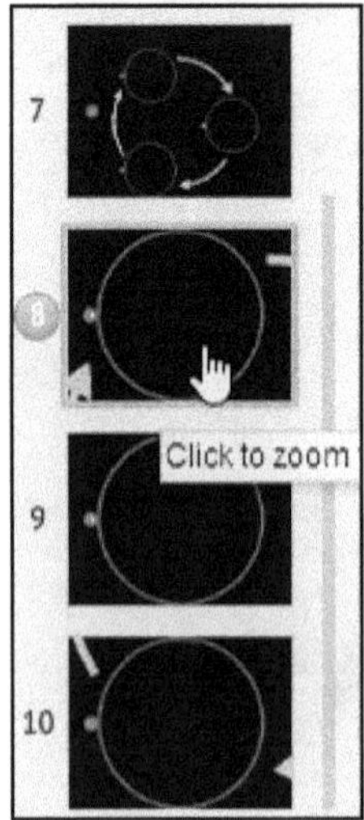

7. Clic en el marcador Click to add text y escriba: `Los que pagan`.
8. Aplique color naranja y aumente un poco su tamaño.

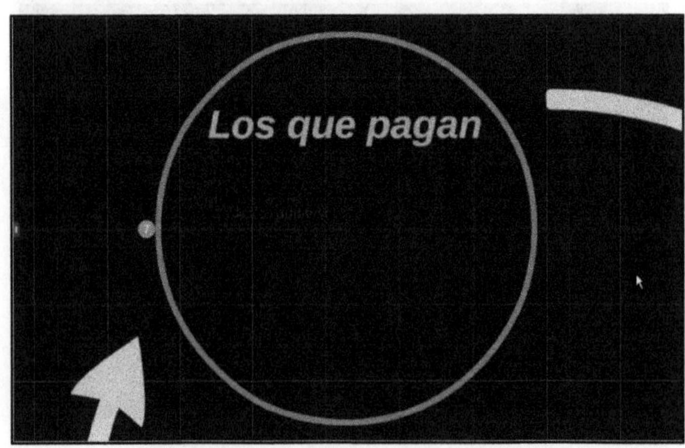

9. Clic en el marcador del cuerpo del texto y agregue:
   - `Publicidad en internet`
   - `Pago por clic`
   - `Publicidad móvil`
   - `Anunciantes`
   - `Aplicaciones de pago`

10. Aplique color blanco y alineación centrada.

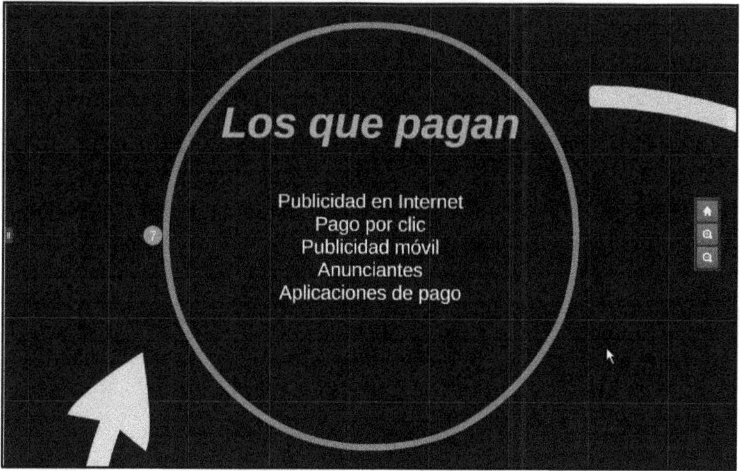

11. Seleccione el siguiente círculo desde el panel de ruta.

12. Agregue como título: `Los que ganan`. Aplique el mismo formato que el objeto anterior.

13. Agregue lo siguiente en el cuerpo del texto:
   - `Redes sociales`
   - `Boca a boca`
   - `Foros de usuarios`

- `Noticias`
- `Relaciones entre usuarios`

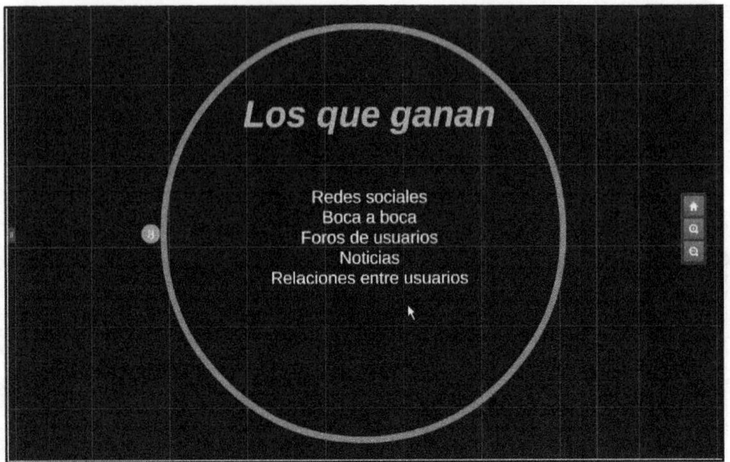

14. Seleccione la transición 9 y agregue el texto: `Los que tienen.`
15. Aplique el mismo formato que el objeto anterior.
16. Agregue el siguiente texto en el cuerpo:

- `Sitios web para marcas y productos`
- `Marcas móviles`
- `Aplicaciones móviles de terceros`
- `Servicio al cliente`
- `Propiedad de contenido digital`
- `Administradores de blog`

Girar los contenedores para dar un efecto a la transición

Como ha podido apreciar, cada vez que hace clic en una transición de los objetos del diagrama, el efecto es ir pasando por cada uno de los círculos mostrando su contenido. Si realizamos un giro al objeto, también podemos cambiar ligeramente el efecto de la transición. Intente hacer esta técnica lo más ligera posible, si hace movimientos bruscos, es posible que la audiencia no se vea nada contenta, algunos comentan que hasta les ha dado nauseas por ver tantos movimientos bruscos.

1. Seleccione la transición donde están los 3 círculos desde el panel de rutas. Desde aquí podremos manipular los objetos individuales ya que no podemos hacerlo si es que están en acercamiento.

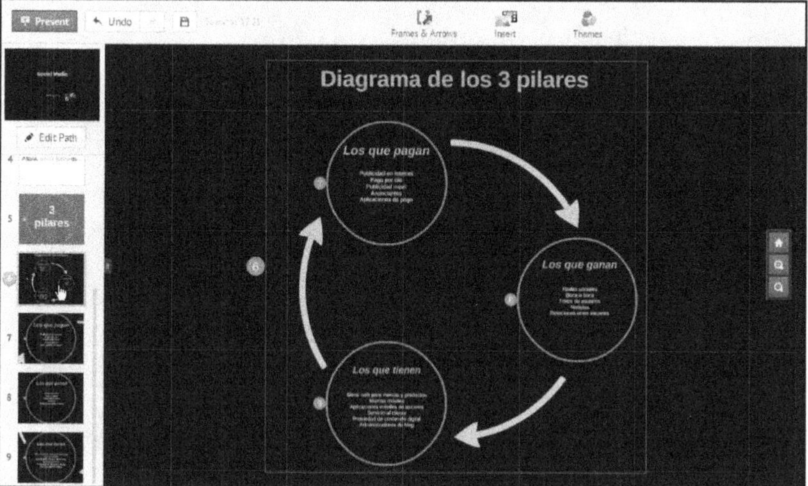

2. Seleccione el círculo del texto *Los que pagan*.
3. Use el controlador de giro para mover el objeto ligeramente a la derecha.

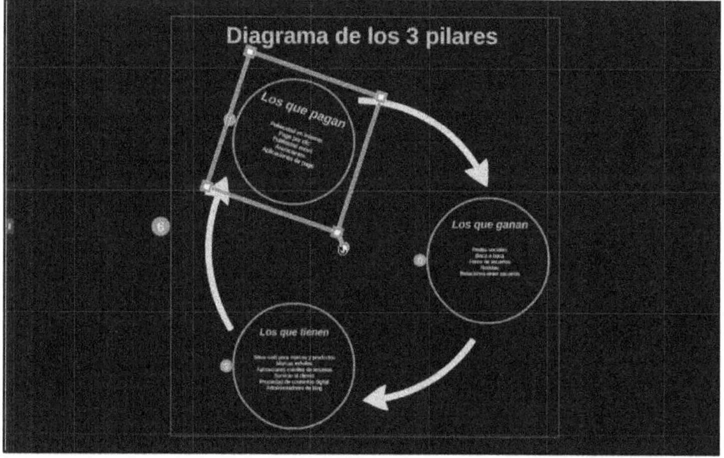

4. Intente girar el segundo círculo también a la derecha.

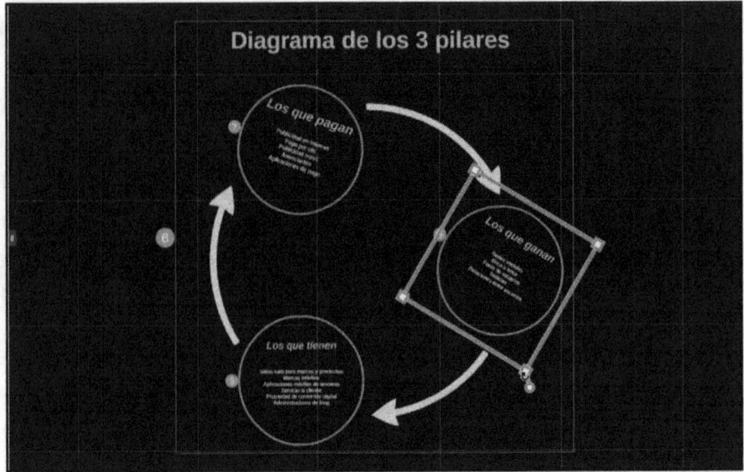

5. El último objeto llévelo ligeramente a la izquierda.

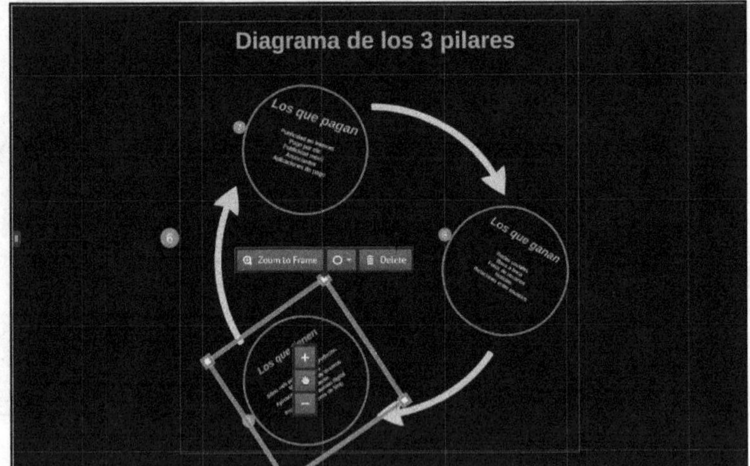

6. Ahora, para probar las transiciones, clic en cada ruta del panel de rutas.
7. Guarde su presentación.

Capítulo 10: Dar los Últimos Toques a su Prezi

En este capítulo usted aprenderá a:

- Agregar un vídeo desde YouTube
- Cambiar la relación de aspecto
- Revisar un Prezi
- Compartir su Prezi

Agregar un vídeo de YouTube

En Prezi también puede insertar vídeos, pero tienen que ser desde YouTube, debido a que la licencia gratuita solo nos da unos cuantos megabytes para almacenar nuestras presentaciones; si subimos un vídeo, en especial en HD, nos quedaríamos sin espacio para nada más.

Para usar un vídeo desde YouTube, tendrá que copiar y pegar el link del mismo.

1. Seleccione la transición que ve a continuación desde el panel de rutas.

2. Mueva su lienzo hacia la izquierda y hacia abajo para tener más espacio para la siguiente transición.

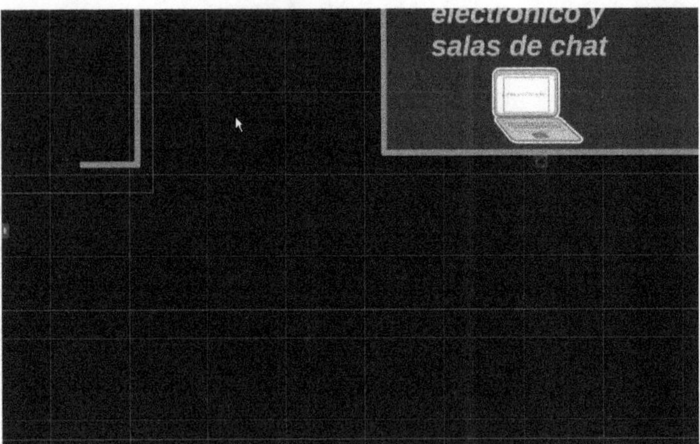

3. Clic en Insert y seleccione Symbols & Shapes.
4. Seleccione Stickers.
5. Navegue por los símbolos y agregue el iPhone.

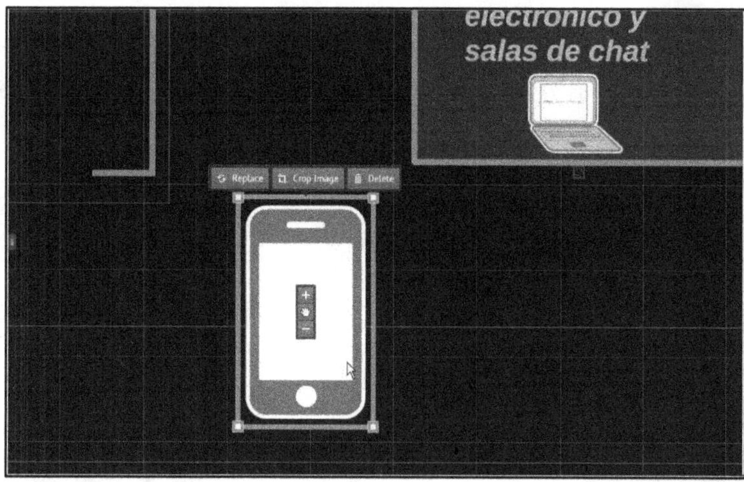

6. Usando el scroll del mouse, acérquese al iphone y luego clic en Edith Path.
7. Clic en Add current view. La nueva vista se acaba de agregar al panel Rutas.
8. Clic en Done.
9. Inserte un marco invisible y posicione el marco intentando cubrir todo el iphone.
10. Ahora, con el marco seleccionado, clic en Zoom to frame.
11. Si la transición no es agregada automáticamente al panel de rutas, hágalo manualmente.

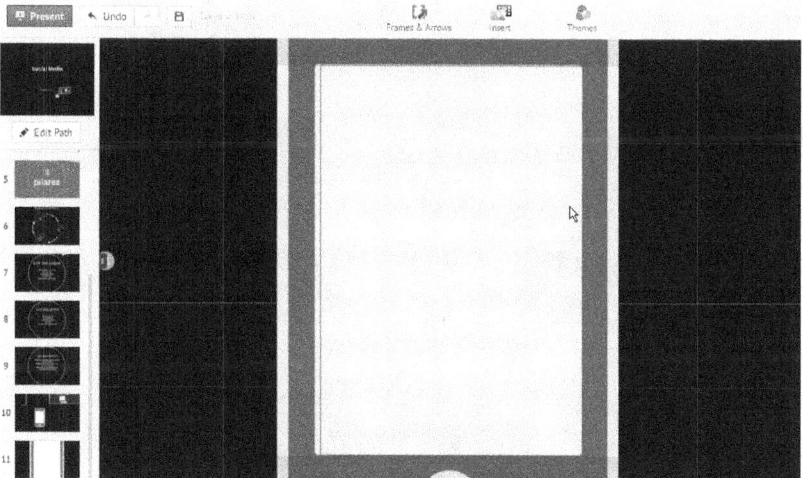

12. Inserte un nuevo marco invisible.
13. Gire el marco y aumente su tamaño para posicionarlo justo en la pantalla del iphone.
14. Clic en Zoom to Frame. Observe como se hace un giro y se hace un acercamiento.

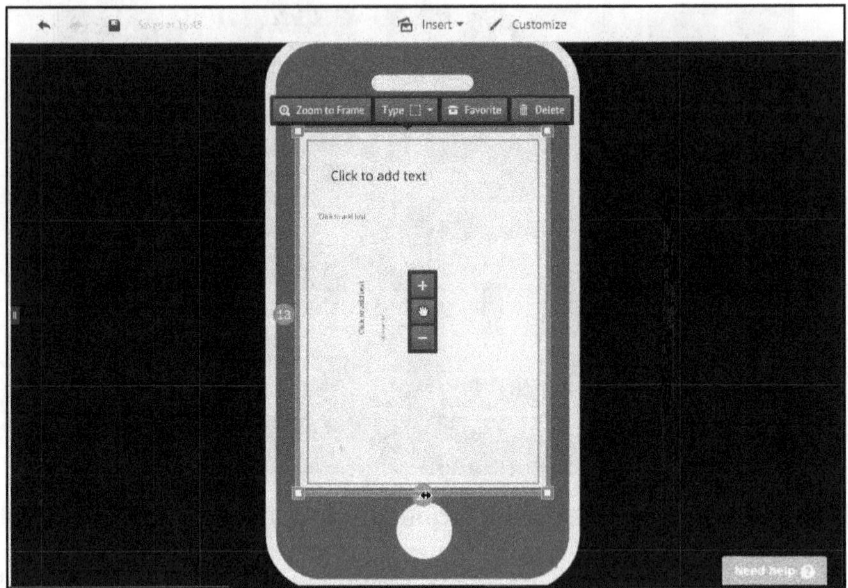

15. Recuerde, si no se agrega la transición automáticamente, hágalo manualmente.
16. Ahora sí, clic en Insert.
17. Seleccione YouTube Video.

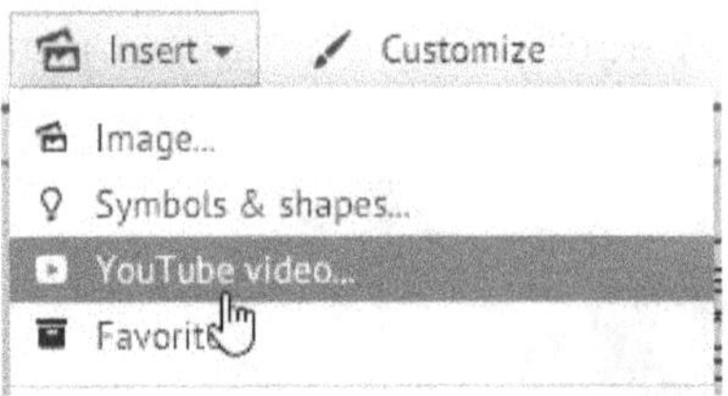

18. En una nueva pestaña de su navegador, ingrese a YouTube.

19. Busque Primer spot de Facebook en español, o use el siguiente link si es necesario: `http://www.youtube.com/watch?v=HCbO-QAc5N0`.

20. Si es necesario, vea el vídeo spot.

21. En la barra de direcciones, clic derecho en el link y clic en Copiar.

22. Regresando a Prezi, en el cuadro Insert YouTube, clic derecho en el campo en blanco y clic en Pegar.

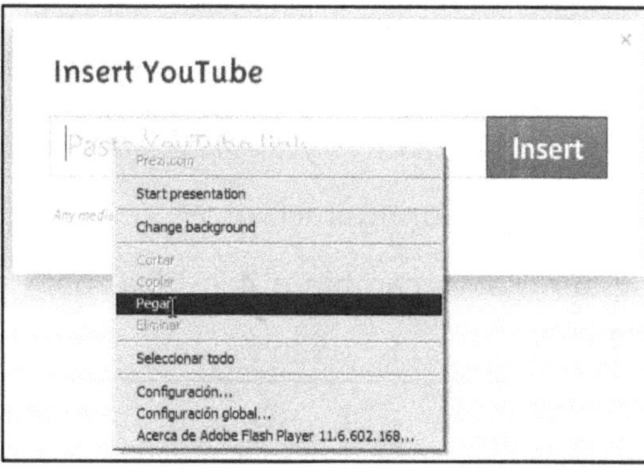

23. Con el Link ya pegado, clic en Insert.

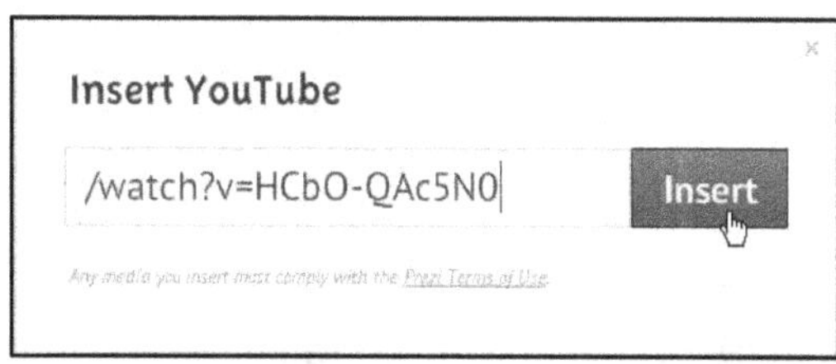

24. Una vez insertado el vídeo, intente posicionarlo en el medio de la pantalla del iPhone.

25. Guarde su presentación.

Cambiar la relación de aspecto

Cuando trabaja con sus presentaciones estas se ajustan automáticamente a una pantalla con resolución de 800 x 600 con su aspecto de radio 4:3. Hoy se utilizan monitores con resoluciones muy superiores a los 1024 X 768, incluso las portátiles poseen una resolución superior por ejemplo 1280 X 800 con un aspecto de radio 16:10. El tamaño por defecto de una presentación con pantalla panorámica es de un aspecto de radio de 16:9.

1. Seleccione la transición 1.
2. Si es necesario, cierre el panel de Symbols & Shapes.
3. Clic en el botón Settings (Configuración).
4. En la sección Screen Ratio, cambie a 4:3. Ideal para pantallas cuadradas o proyectores comunes.

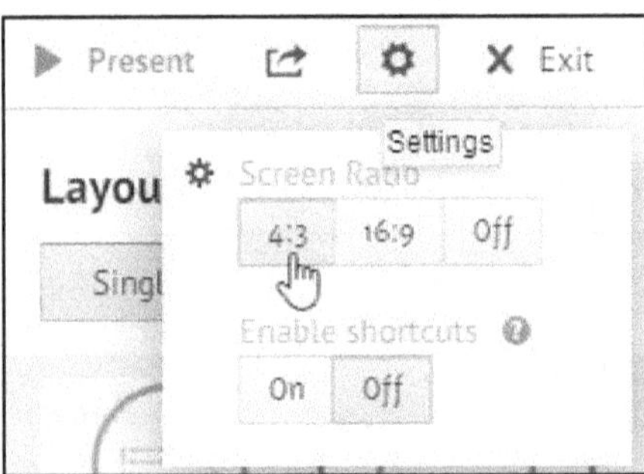

5. Ahora cambie a 16:9, ideales para pantallas panorámicas.

6. Guarde su presentación.

Agregar música de fondo

Usted puede agregar una música de fondo a su presentación si es necesario. En ocasiones, si la presentación es compartida de forma online, una música de fondo puede ser la mejor opción. En caso contrario, al exponer, quizá la música debe omitirse o buscar una que sea suave a oídos de la audiencia, de esa manera, ellos le seguirán prestando atención y no se distraerán por la música.

1. Seleccione la primera transición.
2. Clic en Insert.
3. Clic en Add Background Music (Agregar música de fondo).

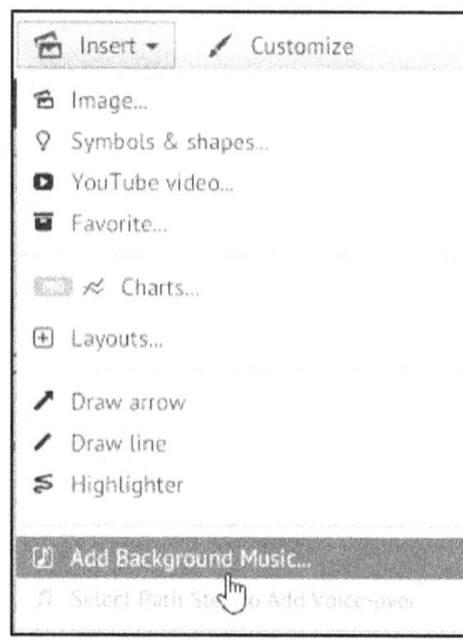

4. Seleccione su archivo musical y clic en Abrir. En mi caso, he elegido una música en formato mp3.

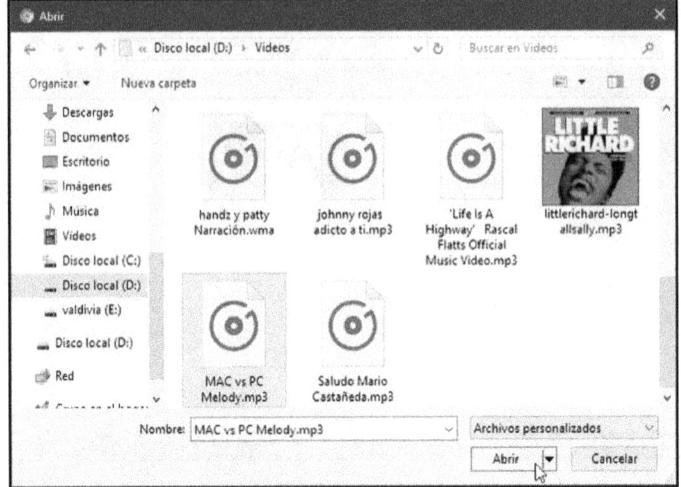

5. Ahora espere a que el fondo musical se suba a Prezi.
6. Una vez subido, clic en el botón Play para escuchar la música.
7. Si todo está bien, clic en Done.

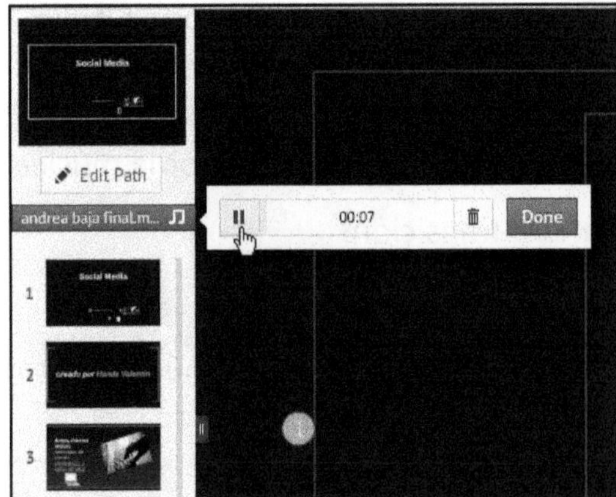

8. Clic en Exit.

Revisando su Prezi

Ahora que ha guardado y ha salido de su presentación, vamos a ver qué tal ha quedado.

1. En el reproductor de su presentación, clic en Autoplay.
2. Seleccione 4 sec.

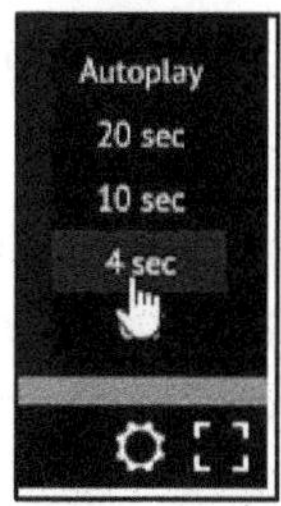

3. Ahora podrá ver su presentación de Prezi. Cada 4 segundos se mostrarán las transiciones en su presentación.

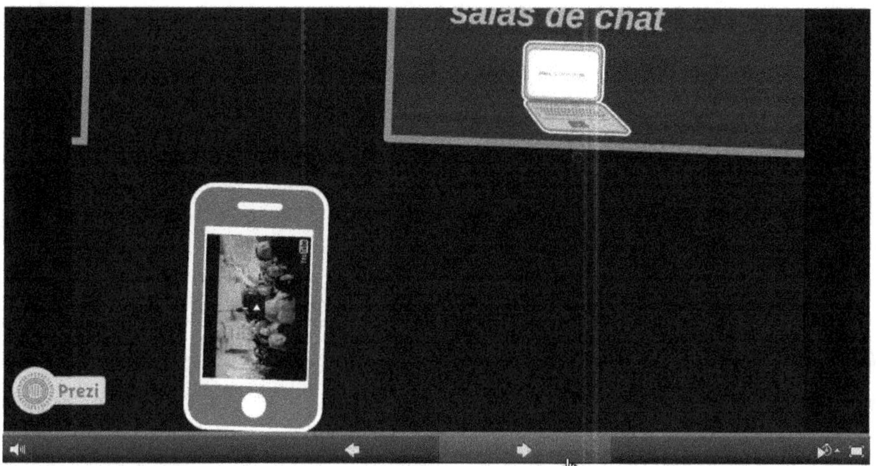

Presentar su Prezi remotamente

Si ya concluyó su presentación y desea mostrarlo a su audiencia de forma Online, puede hacerlo fácilmente. Solo brinde link a su audiencia. Cuando comparte el link, solo podrán verlo 30 usuarios y estos no necesitan tener una cuenta de Prezi.

1. Debajo del reproductor de Prezi, clic en el botón Present remotely (Presentar remotamente).

2. En la parte inferior, con el link seleccionado, clic en el botón Copy.

3. Ahora, comparta este link con sus amigos, ya sea por Facebook, Twitter, LinkedIn o desde el correo electrónico.
4. Si los usuarios están usando el Link, mientras la presentación aún no inicie, aparecerá la siguiente pantalla: *Espere, la presentación aún no ha comenzado.*

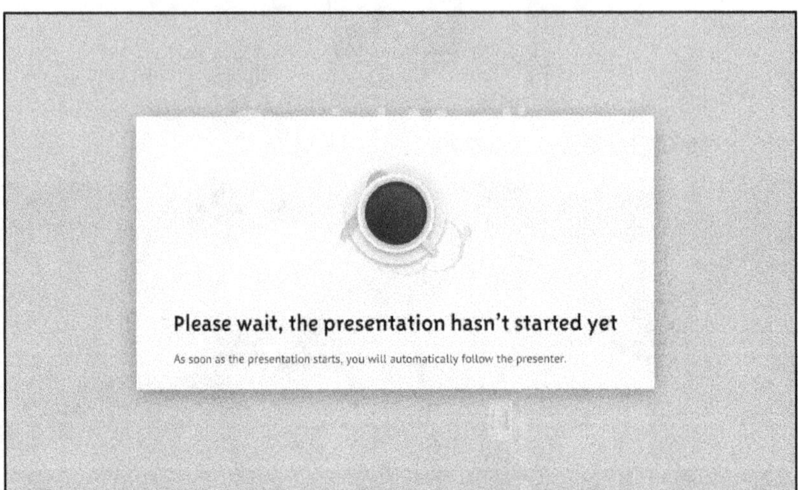

5. Por último, clic en ***Start remote presentation*** **(Iniciar presentación remota)**.

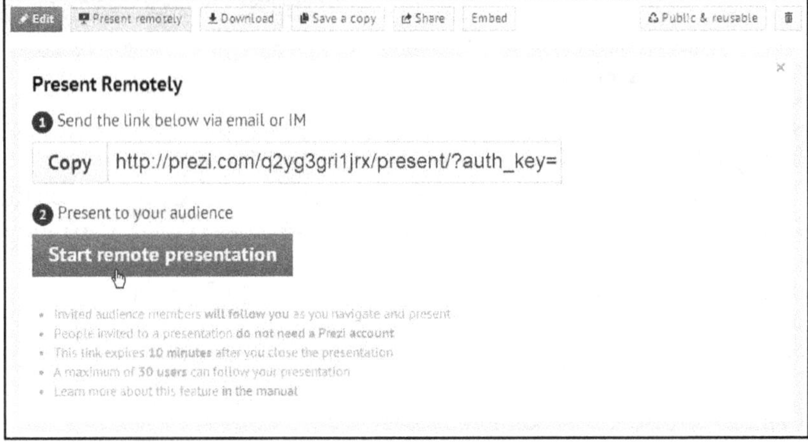

6. Ahora puede ver que ha comenzado la presentación. Usted tendrá todos los controles necesarios para ir pasando de transición en transición o usar un Autoplay.
7. A la derecha, tendrá un panel de opciones para agregar más invitados o detener la presentación si es necesario.

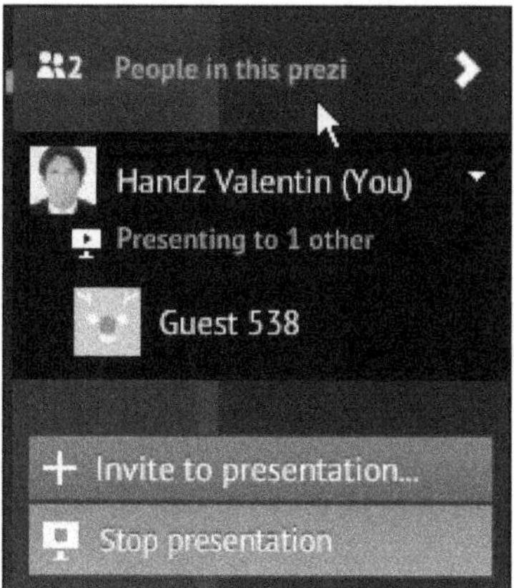

8. Si usted es el invitado, la presentación se mostrará, pero no podrá manipular el avance de la misma, tampoco podrá detener la presentación. La única forma de detenerla es cerrando la ventana.

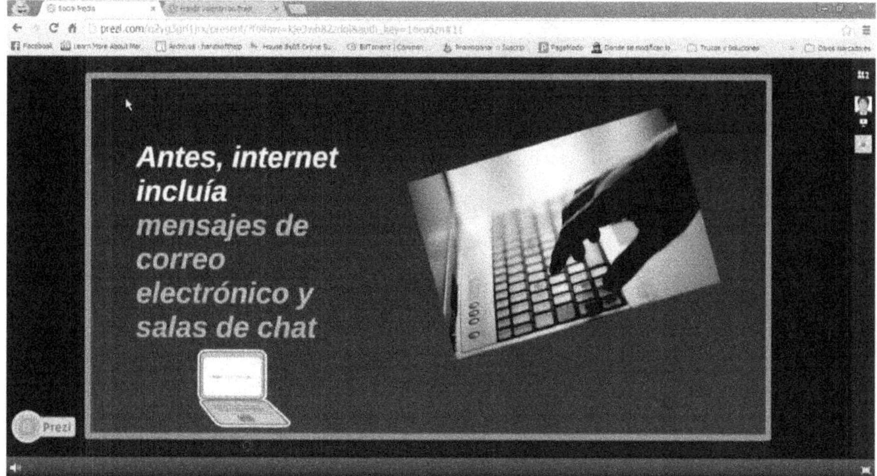

9. Si es invitado, tendrá la opción de activar el panel de opciones, hacer clic en el nombre del creador de la presentación y usar Open profile para ver el perfil del expositor.

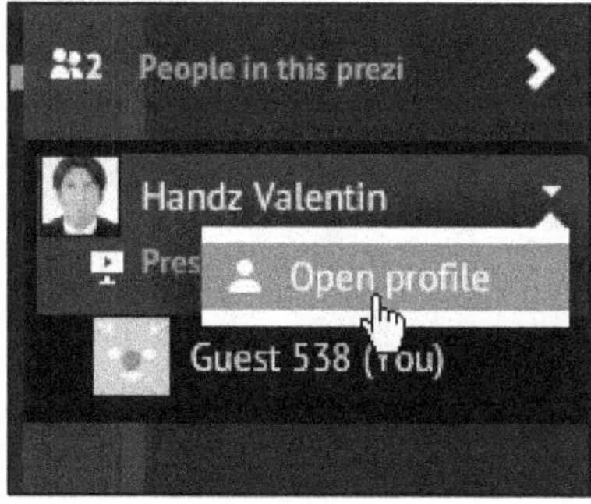

10. Viendo el perfil del expositor podrá encontrar otros prezi que él ha creado.

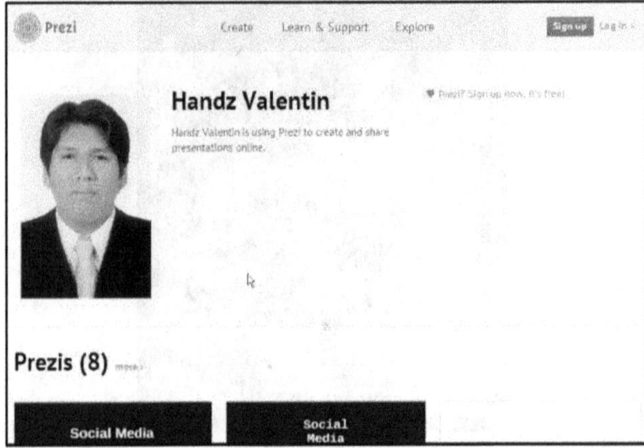

11. Usando la ventana principal de su presentación, clic en ***Stop presentation*** (***Detener presentación***) del panel de opciones.

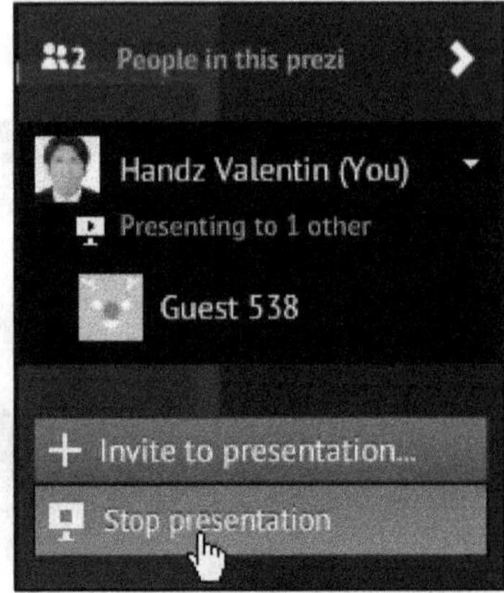

12. Cuando usted detiene la presentación, el invitado podrá manipular las transiciones a su antojo, pero no podrá editar el contenido.

13. Clic en Exit de su presentación principal.

Descargar su presentación

Puede descargar su presentación en Prezi si es que necesita hacer una exposición y no tiene una conexión a Internet, o simplemente, para tener su prezi a buen recaudo en su disco local. La forma de guardar su presentación es mediante un archivo ejecutable, la otra, es usando una versión editable para su Prezi Desktop.

1. Debajo de su reproductor de Prezi, clic en Download.
2. En la ventana Download "Social Media", seleccione Presenting.
3. Clic en Download.

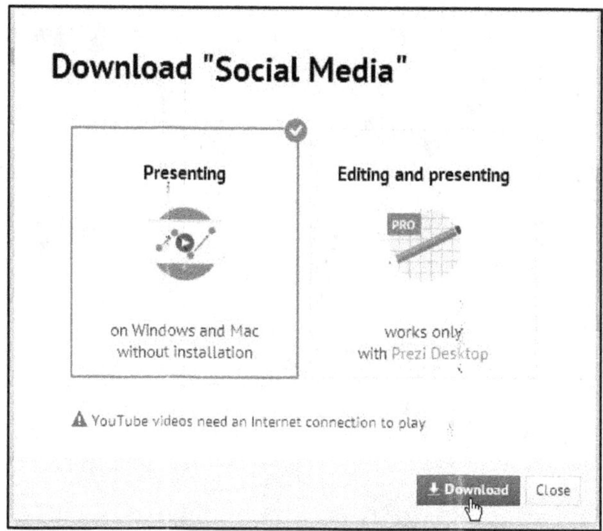

4. Dependiendo de su navegador, este le pedirá dónde guardar, o se descargará automáticamente en su carpeta por defecto.
5. Revise su archivo descargado. El archivo llega en formato zip.

6. Si navegas por el contenido de su archivo comprimido, encontrará Prezi.exe.

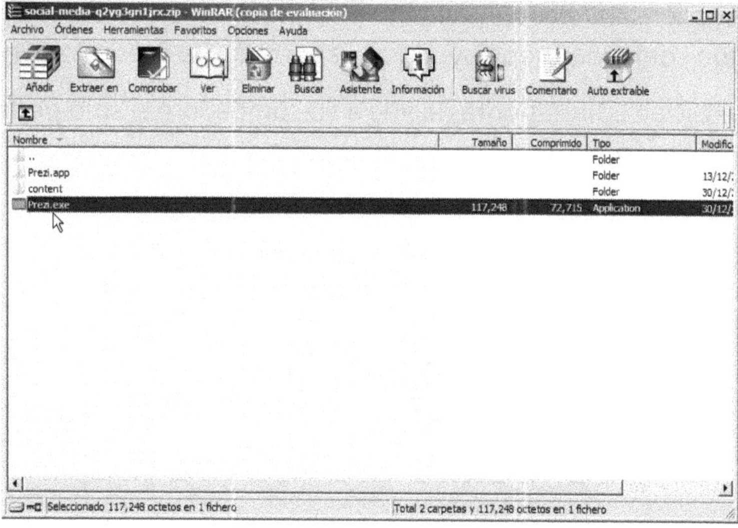

7. Doble clic sobre su archivo Prezi.exe.
8. Espere unos instantes y aparecerá una ventana con su presentación.

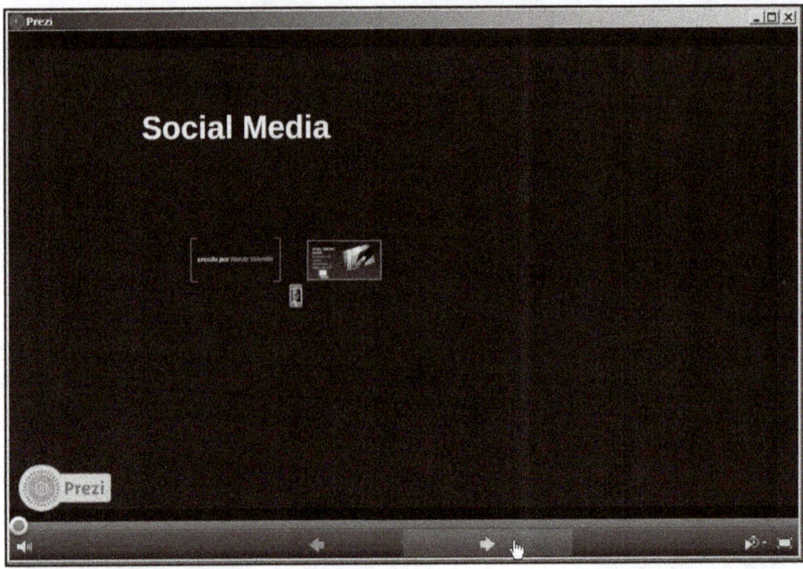

Compartir su Prezi

Puedes compartir tu presentación con otros usuarios otorgando permisos para que puedan reutilizar y aportar ideas a tu prezi.

1. Clic en ***Share*** (***Compartir***).
2. Si es necesario, active *Allow public reuse and help spread ideas* (*Permitir que el público reutilice y ayude a difundir las ideas*).
3. Si deseas, puedes compartir el link para que puedan ver otros usuarios haciendo clic en *Copy Link*.
4. En la sección *Add people (Agregar personas)*, agregue un correo electrónico de algún compañero que ayudará o aportará a la presentación.
5. Si hace clic en Editor, podrá decirle a su compañero si solo podrá Ver o Editar la presentación.
6. Clic en Add (Agregar) y se enviará un correo electrónico a su compañero. La siguiente imagen muestra el mensaje que fue enviado.

Descargar Archivos de Práctica

Usted puede descargar los archivos de práctica a través del siguiente enlace:

https://goo.gl/vHKRNp

www.ingramcontent.com/pod-product-compliance
Lightning Source LLC
Chambersburg PA
CBHW080414060326
40689CB00019B/4242

* 9 7 8 1 5 2 3 9 5 9 6 7 9 *